内田真美の日々スープ

くりかえし作るうちの定番をまとめて

内田真美

KADOKAWA

はじめに

わが家は汁ものが好物で、どこの国のテーブルについても必ずといっていいほどスープを注文します。どんな風土の食卓でもスープは重要な位置をしめていますし、それぞれの地でおいしいスープに出合いました。

東京の自宅の卓でも同じで、スープはよく食べる料理の最たるものです。子どもが小さい頃は毎朝のようにスープが登場しました。娘の好みというのもありましたが、離乳食から派生したようなポタージュは食べやすさもあり、体を温め、起こしてくれる効用があると思います。
子どもの成長の傍にはスープがあり、私も年を重ねてここ数年、スープに心身ともに助けられているように強く感じます。

季節の野菜を手に取り、刻み、水と合わせ、火にかける。無味無臭の水だったものが料理となってそこに現れる。
その液体は、体を温め、身も心も潤してくれる。そして、その日に多めに作ったスープは次の日の私を助けてくれる。

ひとつスープがあれば、そこから献立は派生していきます。もしくは、スープをメインに据えて、そこに麺やご飯を組み合わせると、それで1食完成になりますし、そのスープから何か別のものを作ってもいい。
作りおきというのは苦手ですが、この〝次の日に私を助ける1食〟というのは好きで、スープはいつも多めに作ります。
今の生活様式を考えると、スープはきっと老若男女すべての人にとって自分を労り助けてくれるものであるはず。自分の生活を省みながら、素材を刻み、水とともに火にかけてみてはいかがでしょうか？

また、わが家では、洋風のスープとよく合わせるのがクイックブレッドです。粉ものを作るのが好きというのもありますし、焼きたては何よりのごちそうだと思っています。
発酵を待つこともなく、混ぜてすぐに焼けるのもクイックブレッドの良いところです。
セイボリー（塩味）の粉ものは、特に家族や友人に人気で、好きなものを入れて焼いて、スープに添えれば良い献立となります。

それと、果実のスープも少しだけですがご紹介しております。食後に冷たい果実のスープが出てくるのは、暑い時期には特別に感じます。火照った体にするりと入る冷たく甘いスープは、体の隅々にまで届くようです。

温かいスープが喉元を過ぎたあとに、家族と私が合言葉のように呟く「お腹も心も満たされるね」。
寝起きの体にしみわたる朝食に、午後へのひと踏ん張りの昼食に、湯気と温かさで喉も心も潤すお夕飯に。一人でも二人でも何人でも、スープは私達の生活に寄り添ってくれます。
くりかえし作ってきたスープのレシピが、皆様の日々に寄り添うものとなれば幸いです。

内田真美

スープに
だしはいりません。
食材から
引き出します。

出盛りの時季になり、
店先に並ぶ旬の野菜を見ると、いつの季節も心躍ります。
盛りの野菜には、土から吸い上げた水分、甘み、
季節のほろ苦さなどが十分に蓄えられています。
長所を最大限に引き出すには何と合わせるのがいいか、
今の季節に体が欲しているものは何か、を考えて食材を選ぶ。
それと、調和を助けるために油も重要で、
だしのひとつとして考え、
食材を刻み、水と合わせ、火にかける。
火による変化が刻々とあり、ある時点に到達すると、
食材から出るおいしさが、料理として明らかに形になります。
野菜や肉、魚からだしは十分出ますので、
具材のほかにブロスなどのだし汁は必要ありません。
味見をしつつ、自分が納得する味わいになるまで
火にかけてみてください。

塩も重要です。味がぼんやりとしているなと思ったら、
もう少しだけ塩を加えてみてください。
塩と火によって食材と水が料理になります。
あっさりとしたおいしさや、こっくりとしたおいしさなど、
人それぞれに好みがあると思います。
加熱時間によって味は変わるので、
レシピを参考に、どの時点で自分がおいしいと感じるのかを
味見をしながら探ってみてください。
一度、自分がおいしいと感じる時点を確認することができたら、
あとはその時点を忘れずに鍋を火にかければ、
食卓の主軸となる自分のスープができ上がります。

スープに
ひとつ足せば、
今日の食卓は完成します。

野菜も肉も入っているスープに主食のご飯や麺を足せば、
今日の食卓は完成、という日があってもいいと思います。
スープには温かさがあり、さまざまな食材も入っています。
多めに作っておけば、バランスの良い食事にしたいという気持ちと、
慌ただしい日常のはざ間にある葛藤や心の負担は少なくなり、
明日の自分を助けてくれます。
そのためにも、スープは直径20cm以上の大きめの鍋で作ってください。
残ったスープは保存容器などに移して冷蔵庫で保存し、
食べる前に好きな量を鍋に移してやさしい火で温めます。
次の日もおいしく食べられるスープが冷蔵庫に待機しているということは、
食事のお守りのように感じます。
あつあつの洋風スープにはクイックブレッドを、
アジアのスープには好みの麺やご飯を、
スパイスのきいたスープならクスクスが合います。
自分や家族の好みに合わせて、ひとつ足してみてください。

目次

この本のルール

・小さじ1は5㎖、大さじ1は15㎖、ひとつまみは親
　指、人さし指、中指の3本の指先でつまんだ量です。
・野菜や果物は、特に表記していない場合は、皮をむ
　いたり筋を取ったりしています。
・塩は天然の塩、オリーブオイルはエキストラバージ
　ンオリーブオイルを使用しています。
・サラダ油は好みの植物油を使ってください。
・豆乳は成分無調整のものを使用しています。
・その他の主な材料は、p.142、143の「この本で使っ
　た材料」を確認してください。
・加熱調理の火加減はガスコンロ使用を基準にしてい
　ます。IH調理器具の場合は、調理器具の表示を参考
　にしてください。
・電子レンジは600Wのものを基準にしています。500
　Wなら1.2倍、700Wなら0.9倍の時間で加熱してく
　ださい。
・鍋は2.5～3ℓ入る大きめのものを、保存容器はよく
　洗って完全に乾かした清潔なものを使ってください。

ブックデザイン　渡部浩美
撮影　　　　　　吉田歩
スタイリング　　内田真美
編集協力　　　　吉田直子
撮影協力　　　　武内由佳理
校正　　　　　　根津桂子　新居智子
編集　　　　　　中野さなえ（KADOKAWA）

ポタージュ

私が作るのは、旬の野菜の甘さとじゃがいものなめらかさを軸に、
オリーブオイルとバターで旨味を引き上げた
シンプルなポタージュです。
新鮮な野菜をたっぷり味わいたい時にもポタージュは最適です。
半端に余ったらオイルと酢を合わせてドレッシングにして野菜とあえたり、
グラタンのホワイトソース代わりにしてもいいですし、
バターやオイル、牛乳でのばして、ゆでたパスタにあえても格別なおいしさです。

カリフラワーのポタージュ

基本のポタージュ

ポタージュの基本の作り方は、野菜をバターとオリーブオイルで炒め、水から煮たあと攪拌し、牛乳か豆乳でのばす、というシンプルな手順です。とろみはじゃがいもでつけ、旨味はバターとオリーブオイルで足されるので、だしやスープストックはいりません。
おいしく作るポイントは、野菜の煮加減です。上にのせたローリエやタイムが動かないくらいの弱火で30分ほど煮たら、一度味見をします。そこからは5分おきに「おいしい」と感じるまで味見をして、ちょうどいい煮加減を見つけてください。
甘さを求めるなら牛乳、あっさりさせたいなら豆乳で、好みの濃度にのばせばでき上がりです。

材料（4人分）

カリフラワー —— 1個
玉ねぎ —— 1個
じゃがいも（メークイン）—— 2個
にんにく —— 1片
有塩バター —— 50g
オリーブオイル —— 大さじ3
ローリエ —— 1枚
タイム —— 1枝
牛乳（または豆乳）—— 100〜150㎖
塩 —— 適量

野菜を炒めてから水分を加えて煮て、攪拌まで終えたポタージュの素。牛乳や豆乳でのばす前のこの状態で4日間ほど冷蔵保存が可能。

ハンドブレンダーとフードプロセッサーのこと

ポタージュはハンドブレンダーかフードプロセッサーを使って作ります。フードプロセッサーは鍋からいったん中身を移して攪拌し、再び鍋に戻し入れるひと手間がありますが、鍋の中で攪拌できるハンドブレンダーだと洗いものも少なくすみ、手軽です。いずれも、温かいうちにブレンダーにかけます。攪拌を終えるタイミングはお好みで。なめらかになる少し手前でやめれば素朴な田舎風に、長くかけるほどクリーミーで洗練されたポタージュになります。

基本のポタージュの作り方

1 野菜を切る

カリフラワーは小房に分け、茎は薄切りにする。玉ねぎは縦半分に切って横薄切りにする。じゃがいもは一口大に切る。にんにくは縦半分に切って、芯を除く。

2 玉ねぎを炒める

厚手の鍋に、バター、オリーブオイル、にんにくを入れ、中火にかける。バターが溶けたら玉ねぎを加えてさっと炒める。

3 その他の野菜を加える

玉ねぎが透き通ったら、じゃがいも、カリフラワーを加えて炒める。

4 水分を加える

全体に油がまわったら、水500mℓを注ぐ。

5 煮る

ローリエ、タイム、塩ひとつまみを加え、沸騰したら表面がふつふつとするくらいの弱火にし、ふたをして30分ほど煮る。味見をして、しっかり野菜とハーブの味が引き出されているかを確認する。

6 調味する

カリフラワーが煮くずれるくらいの柔らかさになったら、塩小さじ $\frac{1}{2}$ ～1で調味し（のばす時に加える牛乳は少量なので、この時点でちょうどいいと感じるくらいを目安にする）、火を止めて粗熱をとる。

7 攪拌する

ローリエとタイムを除き、ハンドブレンダーでなめらかになるまで攪拌する。この状態で保存容器に入れて冷蔵室で4日間保存できる（p.13右写真参照）。

8 牛乳でのばす

牛乳（または豆乳）を好みのとろみ具合になるまで加えて混ぜ、弱火にかけて温める。器に盛り、好みで牛乳や豆乳、オリーブオイルをかけたり、ハーブをふる。

白菜のポタージュ

和食や中華のイメージの強い白菜も味わい豊かなポタージュになります。
白菜を大量消費したい時にも、うれしい一皿。
白菜が煮くずれるくらいまで火を入れることで、しっかり甘みを引き出します。
仕上げにオリーブオイルとフレッシュタイムをちらして完成です。

材料（4人分）

白菜……1/4株
玉ねぎ……1個
じゃがいも（メークイン）……2個
にんにく……1片
有塩バター……50g
オリーブオイル……大さじ3
ローリエ……1枚
タイム……1枝
牛乳（または豆乳）……100〜150㎖
塩……適量

1　白菜はざく切りにする。玉ねぎは縦半分に切って横薄切りにする。じゃがいもは一口大に切る。にんにくは縦半分に切って、芯を除く。

2　厚手の鍋に、バター、オリーブオイル、にんにくを入れ、中火にかける。バターが溶けたら玉ねぎを加えてさっと炒める。玉ねぎが透き通ったら、じゃがいも、白菜を加えて炒め、全体に油がまわったら水500㎖を注ぐ。ローリエ、タイム、塩ひとつまみを加え、沸騰したら表面がふつふつとするくらいの弱火にし、ふたをして30分ほど煮る。

3　白菜が煮くずれるくらいの柔らかさになったら塩小さじ1/2〜1で調味し、粗熱をとって、ローリエとタイムを除く。ハンドブレンダーでなめらかになるまで攪拌する。牛乳を加えて混ぜ、弱火にかけて温める。器に盛り、好みでオリーブオイルを回しかけ、好みのハーブ（ここではタイムの葉）をちらす。

長ねぎのポタージュ

水分を蓄えて、みっちりと太くなった冬の長ねぎで作るとおいしいスープです。
甘さのある白い部分も、ほろ苦い青い部分もすべて入れて作ります。
ここでは一般的な長ねぎで作りましたが、下仁田ねぎならさらに濃厚な仕上がりに。
生ハムや蒸した白身魚をトッピングして、メイン料理のようにしつらえるのもおすすめです。

材料（4人分）

長ねぎ……4本
じゃがいも（メークイン）……2個
にんにく……1片
有塩バター……50g
オリーブオイル……大さじ3
ローリエ……1枚
タイム……1枝
牛乳（または豆乳）……100〜150㎖
塩……適量

1 長ねぎは1㎝長さに切る。じゃがいもは一口大に切る。にんにくは縦半分に切って、芯を除く。

2 厚手の鍋に、バター、オリーブオイル、にんにくを入れ、中火にかける。バターが溶けたら長ねぎを加えてさっと炒める。全体がなじんだら、じゃがいもを加えて炒め、全体に油がまわったら水500㎖を注ぐ。ローリエ、タイム、塩ひとつまみを加え、沸騰したら表面がふつふつとするくらいの弱火にし、ふたをして30分ほど煮る。

3 長ねぎがくたくたになったら塩小さじ$\frac{1}{2}$〜1で調味し、粗熱をとって、ローリエとタイムを除く。ハンドブレンダーでなめらかになるまで攪拌する。牛乳を加えて混ぜ、弱火にかけて温める。器に盛り、好みで牛乳をスプーンで回しかける。

新玉ねぎのポタージュ

ほかのポタージュにはローリエとタイムを入れて煮ますが、
新玉ねぎのポタージュはタイムだけ。もしくはハーブはなくてもよいです。
その理由は、水分を湛えた新玉ねぎの純粋な甘さを味わってほしいから。
通年出回る玉ねぎでも同様に作れますが、春限定の味をぜひ楽しんでください。

材料（4人分）

新玉ねぎ……3個（600g）
じゃがいも（メークイン）……2個
にんにく……1片
有塩バター……50g
オリーブオイル……大さじ3
タイム……1枝
牛乳（または豆乳）……100〜150㎖
塩……適量

1 新玉ねぎは縦半分に切って横薄切りにする。じゃがいもは一口大に切る。にんにくは縦半分に切って、芯を除く。

2 厚手の鍋に、バター、オリーブオイル、にんにくを入れ、中火にかける。バターが溶けたら新玉ねぎを加えてさっと炒める。全体がなじんだら、じゃがいもを加えて炒め、全体に油がまわったら水500㎖を注ぐ。タイム、塩ひとつまみを加え、沸騰したら表面がふつふつとするくらいの弱火にし、ふたをして30分ほど煮る。

3 じゃがいもが煮くずれるくらいの柔らかさになったら塩小さじ$\frac{1}{2}$〜1で調味し、粗熱をとって、タイムを除く。ハンドブレンダーでなめらかになるまで攪拌する。牛乳を加えて混ぜ、弱火にかけて温める。器に盛り、好みで牛乳をスプーンで回しかける。

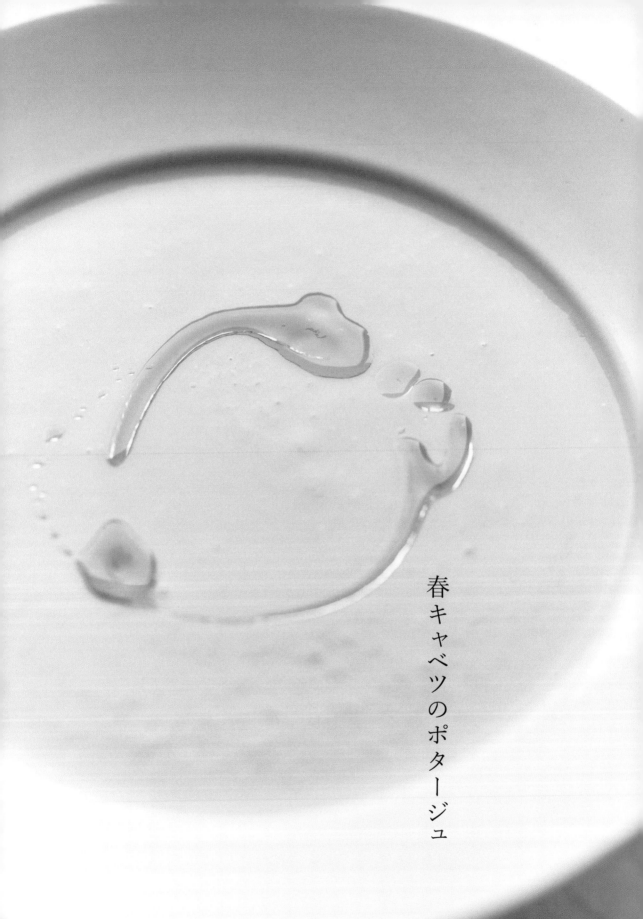

春キャベツのポタージュ

春キャベツは、冬キャベツに比べて柔らかく、
みずみずしさがあり、独特のさわやかな甘さが特徴です。
春キャベツは軸の部分も柔らかいので、すべて加え、
たっぷり 1/2 玉で作ります。

材料（4人分）

春キャベツ――$\frac{1}{2}$ 玉（500g）
新玉ねぎ（または玉ねぎ）――1個（200g）
じゃがいも（メークイン）――2個
にんにく――1片
有塩バター――50g
オリーブオイル――大さじ3
ローリエ――1枚
タイム――1枝
牛乳（または豆乳）――100〜150㎖
塩――適量

1 キャベツは芯を除き、ざく切りにする。新玉ねぎは縦半分に切って横薄切りにする。じゃがいもは一口大に切る。にんにくは縦半分に切って、芯を除く。

2 厚手の鍋に、バター、オリーブオイル、にんにくを入れ、中火にかける。バターが溶けたら新玉ねぎを加えてさっと炒める。全体がなじんだら、じゃがいも、キャベツを加えて炒め、全体に油がまわったら水500㎖を注ぐ。ローリエ、タイム、塩ひとつまみを加え、沸騰したら表面がふつふつとするくらいの弱火にし、ふたをして30分ほど煮る。

3 キャベツがくたくたになったら塩小さじ $\frac{1}{2}$〜1で調味し、粗熱をとって、ローリエとタイムを除く。ハンドブレンダーでなめらかになるまで撹拌する。牛乳を加えて混ぜ、弱火にかけて温める。器に盛り、好みでオリーブオイルを回しかける。

春の菜花のポタージュ

菜花の、春の息吹の力強さと、ほのかな苦みとの混沌とした味わいを楽しむポタージュです。

私はのらぼう菜やかき菜など、旬の時に地元で採れたアブラナ科の菜花をたっぷり使い、

茎も葉もザクザク切っておおらかに作ります。

かすかに感じる苦みが春の体を助けます。

材料（4人分）

好みの菜花（のらぼう菜やかき菜など）
……1束（約200g）

新玉ねぎ（または玉ねぎ）……1個（200g）

じゃがいも（メークイン）……2個

にんにく……1片

有塩バター……50g

オリーブオイル……大さじ3

ローリエ……1枚

タイム……1枝

牛乳（または豆乳）……100〜150mℓ

塩……適量

1 菜花は1cm長さに切る。新玉ねぎは縦半分に切って横薄切りにする。じゃがいもは一口大に切る。にんにくは縦半分に切って、芯を除く。

2 厚手の鍋に、バター、オリーブオイル、にんにくを入れ、中火にかける。バターが溶けたら新玉ねぎを加えてさっと炒める。全体がなじんだら、じゃがいも、菜花を加えて炒め、全体に油がまわったら水500mℓを注ぐ。ローリエ、タイム、塩ひとつまみを加え、沸騰したら表面がふつふつとするくらいの弱火にし、ふたをして30分ほど煮る。

3 菜花がくたくたになったら塩小さじ1/2〜1で調味し、粗熱をとって、ローリエとタイムを除く。ハンドブレンダーでなめらかになるまで撹拌する。牛乳を加えて混ぜ、弱火にかけて温める。器に盛り、好みでオリーブオイルを回しかけ、菜花の花の部分をちらす。

冬のスープ

寒い朝に暖まりきらない部屋で、
寝ぼけまなこの家族が朝食のスープを飲んでいる時、
神妙な顔で「体に火が灯るね」と呟くのを聞きました。
本当にそのとおりだし、
その効用がスープにはあると思います。
土の栄養を蓄えた根菜や
骨付きの肉をゆっくり煮たスープ、
豆の滋養やミルクベースのスープも、
冬は特にうれしく感じます。
家族が「毎日スープがいい」というくらいに、
わが家では冬の定番です。
心身ともに温めてくれる冬のスープは、
家族の体にすんなり溶け込むものになるようにと、
いつもそのことを心がけながら作っています。

レンズ豆と豚肩ロースの白ワイン煮込みスープ

フランスの家庭料理の定番「塩豚とレンズ豆の煮込み」をスープ仕立てにしました。
本来は塩豚を水からじっくりと時間をかけて煮込みますが、白ワインに助けてもらい、
手軽に味わい深く、かつメインになるようなスープにしました。

材料（4人分）

豚肩ロースかたまり肉——600g

［下味］
塩——小さじ1/2
粗挽き黒こしょう——少々

レンズ豆（乾燥、緑のもの）——200g
玉ねぎ——1/2個
長ねぎ——2本
にんにく——1片
オリーブオイル——大さじ1
有塩バター——30g
白ワインビネガー——大さじ3
白ワイン——200mℓ
塩——小さじ1 1/2
粗挽き黒こしょう——適量

［煮汁］
タイム——4枚
ローリエ——1枚
水——1000mℓ

1 レンズ豆はざるに入れ、さっと洗う。玉ねぎは2cm四方に、長ねぎは縦半分に切って、5cm長さに切る。にんにくは縦半分に切って、芯を除く。豚肉は大きめの一口大に切り、下味を揉み込む。

2 厚手の鍋にオリーブオイルを入れて中火にかけ、油が熱くなったら豚肉を並べ入れ、両面薄い焼き色がつくまで焼いて、いったん取り出す。

3 2の鍋にバター、にんにくを入れて中火で熱し、香りが立ったら、玉ねぎ、長ねぎを加えてさっと炒める。全体に油がまわったら、白ワインビネガー、白ワインを加えてさっと煮て、アルコール分を飛ばす。

4 2の豚肉を戻し入れ、煮汁とレンズ豆を加え、沸騰したら表面がふつふつとするくらいの弱めの中火で30〜40分煮て、途中アクを除く（煮る時間は豆の潰れ具合が好みの状態になるまでで調整する）。味見をして、塩、こしょうで調味する。器に盛り、好みでディジョンマスタードを添える。

レンズ豆は他の豆と異なり、下ゆでなしで直接鍋に入れられるので、とても手軽。

粒マスタードよりも辛みが少なく、口当たりのまろやかなディジョンマスタード（p.143参照）を添えて。この辛みと酸味がスープの味のアクセントになるので、スープに溶きながら食べるのがおすすめ。

タッカンマリ

骨付き鶏もも肉で作る韓国風のスープ。本来は一羽丸ごとで作りますが、
ここでは身近な骨付き鶏もも肉を使って作ります。じっくり煮込む参鶏湯（さむげたん）と違い、短時間で、
プリッとした鶏肉と、身も心も温まるようなスープに仕上がります。
具材は、韓国唐辛子で作るタテギと、からしをマスタードで溶いたたれで食します。
本来はトッポギやカルグクスを入れますが、お好みの麺を入れてもよいと思います。

材料（4人分）

骨付き鶏もも肉……4本
じゃがいも（メークイン）……2個
長ねぎ……2本
にんにく……2片
塩……適量

［煮汁］
酒……200㎖
水……1500㎖

骨付き鶏もも肉は、関節に包丁を入れると簡単
に切れるので、写真のように3切れにする。

1 じゃがいもは、横4等分に切る。長ねぎは5㎝長さに切る。にんにくは縦半分に切って芯を除く。

2 骨付き鶏もも肉は、余分な脂を除いて、3等分に切る。ボウルに入れて、濃度3％ほどの塩水を加え、血のかたまりや脂を洗って、水けをきる。

3 鍋に煮汁、鶏肉、にんにく、長ねぎ、塩少々を入れて強火にかける。沸騰したら中火にし、アクを除いてさらに10分煮る。じゃがいもを加え、さらに7〜10分煮る。

4 じゃがいもに竹串を刺してみて、スーッと通るようになったら、塩小さじ$\frac{1}{2}$で調味する。器に盛り、タテギやからしマスタード（p.34参照）、酢、しょうゆを添える。

残ったスープで
○ 鶏の温麺

材料と作り方（1〜2人分）

半田麺（p.143参照）1〜2束は袋の表示通りにゆでる。湯をきり、タッカンマリの鍋に入れてさっと温め、器に盛る。味見をして足りなければ、塩で味をととのえる。好みでタテギやからしマスタード、酢じょうゆを加えて食べる。

タッカンマリのトッピング

○ タテギ

タテギは多様な作り方がありますが、
タッカンマリにはシンプルなものが合うと思います。
ソウルで友人が作ってくれた味に感激し、
私も作りはじめました。
シンプルなタテギに、マイルドなからしマスタード、
酢、しょうゆを加えて溶くのが原点のおいしさです。

材料（作りやすい分量）

韓国産粉唐辛子⋯⋯大さじ4
おろしにんにく⋯⋯$\frac{1}{2}$片分
ごま油⋯⋯小さじ1
白いりごま⋯⋯小さじ1
湯⋯⋯大さじ2

作り方

ボウルに粉唐辛子、にんにく、ごま油を入れて湯で
溶く。かためのペースト状になったら、ごまを加え
てよく混ぜる。

○ からしマスタード

材料と作り方（作りやすい分量）

ディジョンマスタード（p.143参照）大さじ4と練り
がらし大さじ1を混ぜ合わせる。

押し麦鶏肉だんごと大根の湯

「湯（たん）」は、中国語でスープの意味です。
鶏肉だんごには絹ごし豆腐を混ぜて柔らかくし、
ゆでた押し麦を加えることで、つるんとしたやさしい食感になります。
冬の長ねぎや大根から出た甘みが汁に溶けて、滋味深い味わいです。

材料（4人分）

鶏ひき肉……400g
押し麦……50g
長ねぎ……2本
大根……$\frac{1}{2}$本
にんにく……1片
絹ごし豆腐……100g
しょうがのみじん切り……1かけ分
長ねぎのみじん切り……$\frac{1}{2}$本分
塩……小さじ1
薄口しょうゆ（または白しょうゆ）……小さじ1

［合わせ調味料］
片栗粉……大さじ2
酒……大さじ1
しょうゆ……大さじ$\frac{1}{2}$
ごま油……大さじ$\frac{1}{2}$
塩……小さじ$\frac{1}{2}$
粗挽き黒こしょう……少々

［煮汁］
しょうがの薄切り……5枚
酒……50mℓ
塩……少々
水……1200mℓ

1 押し麦はたっぷりの湯で5分ゆでて、ざるにあけ（あとで煮るので完全に火を通さなくてよい）、湯をきって冷ます。

2 長ねぎは2cm長さに、大根は皮をむき、2～3cm厚さのいちょう切りにする。にんにくは縦半分に切って芯を除く。

3 鍋に、煮汁、2を入れて強火にかける。沸騰したらふたをし、表面がふつふつとするくらいの弱めの中火で20分煮て、アクを除く。

4 押し麦鶏肉だんごを作る。ボウルにひき肉、合わせ調味料を入れ、豆腐を手で潰して加え、粘りが出るまでよく練り混ぜる。しょうが、長ねぎ、1を加え、ざっと混ぜ合わせる。

5 3の大根に竹串を刺してみてスーッと通るようになったら、4を20等分し、丸めて鍋に落とし入れ、10分煮る。押し麦鶏肉だんごがすべて浮いてきたら、アクを除き、味見をして、塩、薄口しょうゆで調味する。器に盛り、好みでパクチーをのせる。

押し麦は、大麦をローラーなどで押して作ったもの。食物繊維がたっぷり含まれていて、水分を含むと、プチッと弾けるような食感になる。

ニューイングランド
クラムチャウダー
p.40

38

マンハッタンクラムチャウダー
p.41

ニューイングランドクラムチャウダー

アメリカ東海岸のニューイングランド地方で生まれたとされる
白いクリームタイプのクラムチャウダー。
あさりとベーコンからだしがたっぷり出るので、短時間でもしっかりしたおいしさに。
キャベツを加えることで、ミルクベースのとろりとしたスープがあっさりと仕上がります。

材料（4人分）

あさり──300g
あさり水煮缶──1缶（130g）
厚切りベーコン──80g
玉ねぎ──1個
キャベツ──3枚
セロリ──1本
じゃがいも（メークイン）──1個
にんにくのみじん切り──1片分
有塩バター──大さじ2
オリーブオイル──大さじ1
薄力粉──大さじ2
タイム──2枝
ローリエ──1枚
A ┌ 牛乳──300mℓ
  └ 水──300mℓ
B ┌ 白ワイン──100mℓ
  └ 水──100mℓ
生クリーム（脂肪分42％）──100mℓ
塩──小さじ1/2
粗挽き黒こしょう──適量

［トッピング］
クラッカー──適量
パセリの粗みじん切り──適量

下準備

・あさりはバットに入れて、濃度3％ほどの
　塩水を注ぎ、アルミホイルでバットを覆
　って1時間以上おいて砂抜きする。貝殻
　をよくこすり合わせ、流水で洗う。

1 玉ねぎ、キャベツは1cm四方に、セロリ、じゃがいも、
　ベーコンは1cm角に切る。

2 厚手の鍋にバターとオリーブオイル、にんにくを入れ
　て中火にかける。香りが立ったら、ベーコンを加えて
　炒める。玉ねぎ、セロリ、じゃがいもを加え、全体に
　油がまわったら、薄力粉を加え、よく炒める。粉っぽ
　さがなくなって野菜に粉がなじんだら、Aを少しずつ
　加えて、そのつどよく混ぜる。すべて加えたら、キャ
　ベツ、タイム、ローリエを加えて、沸騰したら表面が
　ふつふつとするくらいの弱めの中火で15分煮て、ア
　クを除く。

3 小さめのフライパンにあさりとBを入れて強火にかけ
　る。沸騰したら中火にし、貝の口が開くまで5分ほど
　煮て、火を止める。

4 2の鍋のじゃがいもに竹串を刺してみてスーッと通る
　ようになったら、あさりの水煮を缶汁ごとと、3を煮
　汁ごと加える。生クリームを加えて混ぜ、味見をして、
　塩、こしょうで調味する。器に盛り、トッピングのク
　ラッカー、パセリを添え、好みで加えて食べる。

砂抜きした生のあさりだけ
でなく、缶詰のあさりを缶
汁ごと入れて旨味を加える。

マンハッタンクラムチャウダー

マンハッタン風のクラムチャウダーはトマトベース。
スープはトマトピューレとトマトペーストを使い、
具だくさんのトマトスープのようですが、赤いタバスコを加えるのが特徴。
ほんの少しのピリッとした辛みと酸味が、都会的な雰囲気になります。

材料（4人分）

あさり……300g
あさり水煮缶……1缶
厚切りベーコン……80g
玉ねぎ……1個
セロリ……1本
じゃがいも（メークイン）……1個
にんにくのみじん切り……1片分
オリーブオイル……大さじ2
A ┌ トマトピューレ……200mℓ
  │ トマトペースト……1袋（18g）
  └ 水……300mℓ
ローリエ……1枚
タバスコ……大さじ1/2
B ┌ 白ワイン……100mℓ
  └ 水……100mℓ
塩……小さじ1
粗挽き黒こしょう……適量

［トッピング］
クラッカー……適量
パセリの粗みじん切り……適量
タバスコ……適量

1 玉ねぎは1cm四方に、セロリ、じゃがいも、ベーコンは1cm角に切る。

2 厚手の鍋にオリーブオイル、にんにくを入れて中火にかける。香りが立ったら、ベーコンを加えて炒める。玉ねぎ、セロリ、じゃがいもを加え、全体に油がまわったら、Aを加えてよく混ぜる。ローリエ、タバスコを加えて、沸騰したら表面がふつふつとするくらいの弱めの中火で15分煮て、アクを除く。

3 小さめのフライパンにあさりとBを入れて強火にかける。沸騰したら中火にし、貝の口が開くまで5分ほど煮て、火を止める。

4 2の鍋のじゃがいもに竹串を刺してみてスーッと通るようになったら、あさりの水煮を缶汁ごとと、3を煮汁ごと加える。味見をして、塩、こしょうで調味する。器に盛り、トッピングのクラッカー、パセリ、タバスコを添え、好みで加えて食べる。

下準備

・あさりはバットに入れて、濃度3％ほどの塩水を注ぎ、アルミホイルでバットを覆って1時間以上おいて砂抜きする。貝殻をよくこすり合わせ、流水で洗う。

トマトベースの赤いマンハッタンクラムチャウダーと、

ミルク仕立ての白いニューイングランドクラムチャウダー。

どちらも私の冬のお気に入りのスープです。

クラムチャウダーにはトッピングが不可欠で、

どちらのスープも、みじん切りのパセリをたっぷり加えたり、

クラッカーを割り入れたりしながら、おのおの好きに仕上げます。

スパイシーなものがお好みなら、マンハッタンクラムチャウダーには

タバスコをさらに数滴加えてみてください。

セイボリークイックブレッド（p.106 ～）と合わせて、

週末のブランチやランチにいかがでしょうか。

骨付き豚肉とれんこんの湯

冬のほっくりとしたれんこんを、骨からだしが出る豚肉と合わせ、ゆったりと煮込んだ
滋味あふれるスープです。骨付き豚肉は1時間でするりと骨から外れるほどに
柔らかくなります。そのだしを吸ったれんこんは格別。
寒い時季に味わうあつあつのスープは、冷えた体のすみずみにまでしみ入るようです。

材料（4人分）

骨付き豚肉……500g
塩……5g（豚肉の重量の1%）
れんこん……500g
長ねぎ……2本
にんにく……2片
塩……小さじ1
しょうゆ……大さじ1
薄口しょうゆ（または白しょうゆ）……大さじ1

［煮汁］
しょうがの薄切り……6枚
酒……100mℓ
粒黒こしょう……10粒
水……1200mℓ

1　骨付き豚肉は、耐熱ボウルに入れて分量の塩を揉み込み、冷蔵室で30分ほどおく。ボウルに肉がひたるくらいの熱湯を注ぎ、肉の色が変わったら湯を捨て、流水で血のかたまりや脂を洗い流し、水けをきる。

2　れんこんは3cm厚さの半月切りにする。長ねぎは5cm長さに切る。にんにくは縦半分に切って芯を除く。

3　鍋に煮汁、1、2を入れ、強火にかける。沸騰直前になったら火を弱め、時々アクを除きながら、ゆっくりと対流するくらいのごく弱火で1時間煮る。塩、しょうゆ、薄口しょうゆで調味する。

汁が残ったら
○ 汁麺

材料と作り方（1〜2人分）

中華生麺1袋は袋の表示通りにゆでる。湯をきり、骨付き豚肉とれんこんの湯の鍋に入れてさっと温め、器に盛る。長ねぎの粗みじん切り適量をちらし、粗びき黒こしょう少々をふる。味が足りなければ、塩で味をととのえる。

豚肉は臭みをとるために、塩もみしてから湯と流水でしっかり洗う。特に骨付き肉には血のかたまりがあるので、この工程を丁寧にすることで澄んだスープに仕上がる。

獅子頭と白菜の湯

p.48

獅子頭と白菜の湯

中華料理で獅子頭はこぶし大の大きな肉だんごのことを指します。

本来の獅子頭は油で揚げますが、ここでは肉だねをそのままスープに落として煮込んでいきます。

獅子頭を揚げない分、白菜は最初にごま油で炒めて油分をまとわせるのがポイントです。

材料（4人分）

豚ひき肉……300g

鶏ひき肉……300g

溶き卵……1個分

A ┌ 塩……小さじ$\frac{1}{2}$
  │ ごま油……大さじ1
  │ しょうゆ……大さじ1
  │ 白こしょう……少々
  │ 酒……大さじ1
  └ 片栗粉……大さじ2

B ┌ しょうがのみじん切り……1かけ分
  └ 長ねぎのみじん切り……$\frac{1}{2}$本分

干ししいたけ……3枚

白菜……$\frac{1}{4}$株

長ねぎ……1$\frac{1}{2}$本

にんにく……1片

しょうがのせん切り……2かけ分

ごま油……大さじ2

塩……適量

酒……50㎖

紹興酒……50㎖

しょうゆ……大さじ1

［煮汁］

粒黒こしょう……10粒

花椒（ホール）……10粒

水……1000㎖

1　獅子頭の肉だねを作る。ボウルに2種のひき肉、溶き卵、Aを入れ、粘りが出るまでよく練り混ぜる。B、下準備した干ししいたけを加え、ざっと混ぜ合わせる。

2　白菜は繊維を断ち切るように細切りにする。長ねぎは四つ割りにし、5㎝長さに切る。にんにくは縦半分に切って芯を除く。

3　厚手の鍋にごま油を入れて中火にかけ、油が熱くなったら、長ねぎ、にんにく、しょうがを炒める。香りが立ったら、白菜、塩少々を加えてよく炒め、酒、紹興酒を加えてふたをして5分煮る。白菜から水分が出て、全体がひたるくらいになったら、煮汁、しいたけの戻し汁を加えてふたをして、強めの中火で30分煮る。

4　1を8等分して丸め、3の鍋に落とし、10分煮る。竹串を刺してみて透明な汁が出るようになったら、煮汁に塩小さじ1、しょうゆを加えて調味する。

大きな肉だねなので、ハンバーグを作る時のように空気を抜きながら丸め、汁に加える。

下準備

・干ししいたけはボウルに入れてかぶるくらいの水を注ぎ、冷蔵室に一晩おく。短時間で戻したい場合は、耐熱容器に干ししいたけとかぶるくらいの水を入れ、しいたけがつかるように落としラップをして、電子レンジで5分加熱する（p.101参照）。粗熱をとり、軸を除いて粗みじん切りにする。戻し汁は取りおく。

中国の四川省が主産地の花椒（p.143参照）には、痺れるような辛さがある。スープに入れると、かんきつ系のさわやかな香りが加わる。

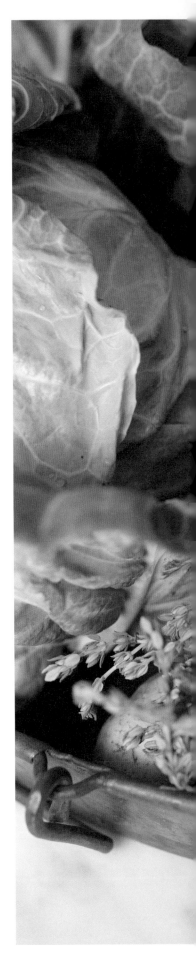

春のスープ

春野菜はみずみずしいので、その水分を引き出し、
それらが持つ甘みや苦みを感じられるように、軽やかに仕上げます。
春の息吹のような青い香りの葉野菜に、
土の水分を保ったかぶやじゃがいもなど、
冬を越えた体を春風が駆け抜けていくようなスープばかりです。
ポルトガルや台湾で出合った思い出深いスープもご紹介しています。
リスボンにある古いパン屋さんのカルド・ヴェルデは最上でしたし、
台湾のはまぐりスープや豆のスープは、
いつ何時、どなたでも虜になるおいしさでした。
春になったらぜひ作っていただきたいスープです。

春野菜のミネストローネ

ミネストローネとはイタリア語で「具だくさん」のこと。
たっぷりの野菜で作るトマトスープという印象が強いですが、
ここでは、さわやかな甘さと青い香りを持つ春野菜で作りました。
この緑の香りに、少しのミニトマトで軽い酸味をつけるのがポイントです。

材料（4人分）

新玉ねぎ……1個（200g）
好みの菜花（のらぼう菜やかき菜など）
　　……1束（200g）
じゃがいも（メークイン）……1個
グリーンアスパラガス……5本
にんにくのみじん切り……1片分
ミニトマト……6個
オリーブオイル……大さじ3
塩……小さじ$\frac{1}{2}$
粗挽き黒こしょう……適量

［煮汁］
ローリエ……1枚
塩……ひとつまみ
水……800㎖

1 新玉ねぎは1㎝四方に、菜花は1㎝長さに、じゃがいもは1.5㎝角に切る。アスパラガスは根元のかたい部分の皮をむいて、1㎝長さに切る。

2 厚手の鍋にオリーブオイルとにんにくを入れて中火にかけ、香りが立ったら、新玉ねぎを加えて炒める。油がまわったら、菜花、じゃがいも、アスパラガスを加え、さっと炒め合わせる。ミニトマト（切らずに加える）、煮汁を加え、弱めの中火で10〜15分煮る（しっかりとした味にしたい場合は20分煮てもよい）。

3 じゃがいもに火が通ったら、塩、こしょうで調味する。器に盛り、好みでパルミジャーノチーズのすりおろしをふる。

ミネストローネに合う
○サラミのホットビスケット

材料と作り方（1個分）

サワークリームホットビスケット（p.108）1個は厚みを半分に割る。サラミ1枚と、有塩バターをたっぷり挟む。

鶏肉豆腐だんごと春の豆の湯

台北で出合った鶏のだしと小さな豆の湯（スープ）は、忘れられないおいしさです。
その印象的な湯を思い出しながら、このスープを作りました。
鶏ひき肉にそら豆を加えて鶏だんごにし、
汁は豆のゆで汁をベースに、鶏だんごから出るだしを合わせました。
豆腐を混ぜたあっさりと柔らかい鶏だんごが、春の豆によく合います。

材料（4人分）

鶏ひき肉（むね、ももの混合）……300g

絹ごし豆腐……100g

スナップえんどう……100g

そら豆（さやなし）……50g

しょうがのみじん切り……1かけ分

長ねぎ（白い部分）のみじん切り……1/2本分

A 片栗粉……大さじ2

　　酒……大さじ1

　　ごま油……小さじ1

　　薄口しょうゆ（または白しょうゆ）
　　　……小さじ1/2

　　塩……小さじ1/2

塩……小さじ1/2

薄口しょうゆ（または白しょうゆ）……小さじ1/2

［煮汁］

しょうがの薄切り……3枚

にんにく……1片

長ねぎの青い部分……1/2本分

酒……大さじ3

水……1000mℓ

1　スナップえんどうは1cm幅に切る。そら豆は薄皮を除く。

2　鍋に煮汁を入れて強火にかけ、沸騰したら中火にする。そら豆を入れて、1〜2分ゆでて取り出し、粗熱がとれたら粗く刻む（汁はそのまま鍋に入れておく）。

3　ボウルに、鶏肉、Aを入れ、豆腐を手で潰しながら加え、粘りが出るまでよく練り混ぜる。しょうが、長ねぎを加え、ざっと混ぜ合わせ、2のそら豆を加えて混ぜる。

4　2の鍋から長ねぎの青い部分を除き、再び中火にかけ、表面がふつふつとしてきたら、3の肉だねを直径3〜4cmに丸め（約20個できる）、鍋に入れる。肉だねがすべて浮いてきたら、弱火にしてさらに15分煮る。スナップえんどうを加えてさっと煮て、塩、薄口しょうゆで調味する。

ゆでたそら豆は、粗く刻んで鶏だんごに混ぜ込む。食べた時に、口の中にそら豆の青い香りが広がる。スナップえんどうは最後に加え、色鮮やかに仕上げる。

はまぐりとしょうがの湯

しょうがの風味がきいた台湾の代表的な二枚貝のスープです。
台湾ではほとんどの店で出合える湯で、そのおいしさにみんなが虜になります。
しょうがは必ず入っていますが、わが家ではセロリを加え、香りを足しています。
貝からしっかりとしただしと塩分が出るので、その分、塩は控えめに。
そのほうが台湾で出合う、あのスープのおいしさに近づきます。

材料（4人分）

はまぐり（中小合わせて）……500g
しょうがのせん切り……1かけ分
セロリ……1/6本
塩……適量

［煮汁］
しょうがの薄切り……3枚
酒……大さじ3
紹興酒……大さじ1
水……700mℓ

1 セロリは細切りにする。

2 鍋に煮汁とはまぐりを入れ、弱めの中火にかける。沸騰しない程度の温度を保ちながら煮て、貝の口がすべて開いたら、味見をして、足りないようなら塩で味をととのえる（貝によって持っている塩分が違うので、必ず味見をする）。

3 セロリとしょうがを加えてさっと煮る。

下準備

・はまぐりはバットに入れて、濃度3%ほどの塩水を注ぎ、アルミホイルでバットを覆って1時間以上おいて砂抜きする。貝殻をよくこすり合わせ、流水で洗う。

スープが残ったら
○ はまぐり麺

材料と作り方（1～2人分）

半田麺（p.143参照）1～2束は袋の表示通りにゆで、冷水で洗って水けを絞る。はまぐりとしょうがの湯を中火にかけて温め、器に盛り、麺を入れる。好みで、塩、こしょうや酢などを加えて食べても。

57

春キャベツと新玉ねぎのシュークルートスープ

乳酸発酵させた塩漬けのキャベツを
フランスのアルザス地方ではシュークルートと呼びます。
甘みのある春キャベツを白ワインビネガーで炒め煮にして、即席のシュークルートを作り、
水分を加えてスープ仕立てにしました。ソーセージやベーコンなどの塩蔵肉は
数種類入れると風味や旨味が増すので、わが家では数種類入れるようにしています。
塩豚で作るのもおすすめです。

材料（4人分）

春キャベツ──1/4玉（250g）
新玉ねぎ──1/2個（100g）
厚切りベーコン──70g
ソーセージ──100g
長ねぎ──1本
にんにく──1片
オリーブオイル──大さじ2
有塩バター──20g
白ワイン──50㎖
白ワインビネガー──大さじ2
塩──適量

［煮汁］

タイム──5本
ローリエ──1枚
粒黒こしょう──10粒
水──1000㎖

1 キャベツは細切りに、新玉ねぎは5㎜幅の横薄切りにする。長ねぎは縦半分に切って、2㎝長さに切る。にんにくは縦半分に切って、芯を除く。ベーコンは5㎜四方に、ソーセージは長さを半分に切る。

2 厚手の鍋にオリーブオイル、バター、にんにくを入れて中火にかけ、香りが立ったら、新玉ねぎ、長ねぎを加え、油がまわるまで炒める。キャベツを加えてさっと炒め、白ワイン、白ワインビネガーを加えて混ぜる。

3 煮汁、ソーセージ、ベーコンを加えて弱めの中火にし、30分煮る。味見をして、塩で味をととのえる（ソーセージやベーコンの種類によって味が異なるので、最後に塩小さじ1/2ほどを加えて味を調整する）。

細切りにしたキャベツを炒め、白ワインビネガーでさっと煮ると、シュークルートのような味わいになる。

春キャベツと新玉ねぎのシュークルートスープを作るたびに、
短時間でしみじみと体にしみ入るようなスープが
煮上がって、ありがたいなと思います。
柔らかな春野菜に油をまとわせ、
白ワインや白ワインビネガーの力を借りることで、
しっかり土台を作り上げて、
塩分と旨味のある塩蔵肉で時間の経過をカバーする。
慌ただしい時間の中でも、素材の組み合わせと構成で、
短時間でも、口にした際に
指先まであたたまるようなスープになります。
供する際に、できればディジョンマスタードも添えてみてください。
この一さじで完成された一皿になります。

春のかぶの2色ポタージュ　p.64

春のかぶの2色ポタージュ

かぶの白い部分と葉をそれぞれ別に煮て、白と緑のポタージュに。
白いポタージュは春の柔らかいかぶの内部にある水分を感じるようなおいしさで、
ハーブや牛乳を加えずに作ります。緑のポタージュは春の青々しい香り豊かな葉のおいしさを味わえます。
盛りつける時は、緑のポタージュを器に入れてから白いポタージュを静かに注いでください。
このふたつを一緒に食べるのが、春のぜいたくです。

材料（作りやすい分量）

かぶの葉⋯⋯3個分
新玉ねぎ⋯⋯1個（200g）
じゃがいも（メークイン）⋯⋯2個
有塩バター⋯⋯50g
オリーブオイル⋯⋯大さじ2
ローリエ⋯⋯1枚
タイム⋯⋯1枝
塩⋯⋯適量
牛乳（または豆乳）⋯⋯100〜150㎖
かぶの白いポタージュ（p.65参照）⋯⋯適量

1　かぶの葉は1㎝幅に切る。新玉ねぎは縦半分に切って横薄切りにする。じゃがいもは一口大に切る。

2　厚手の鍋に、バター、オリーブオイルを入れ、中火にかける。バターが溶けたら新玉ねぎを加えてさっと炒める。全体がなじんだら、じゃがいも、かぶの葉を加えて炒め、全体に油がまわったら水500㎖を注ぐ。ローリエ、タイム、塩ひとつまみを加え、沸騰したら表面がふつふつとするくらいの弱火にし、ふたをして30分ほど煮る。

3　かぶの葉がくたくたになったら塩小さじ$\frac{1}{2}$〜1で調味し、粗熱をとって、ローリエとタイムを除く。ハンドブレンダーでなめらかになるまで攪拌する。牛乳を加えて混ぜ、弱火にかけて温める。器に盛ってから、中央にかぶの白いポタージュをそっと注ぐ。好みでオリーブオイルを回しかける。

かぶの白いポタージュ

材料（4人分）

かぶ（白い部分）⋯⋯大3個（600g）
新玉ねぎ（または玉ねぎ）⋯⋯1個（200g）
有塩バター⋯⋯20g
オリーブオイル⋯⋯大さじ2
塩⋯⋯適量

1 かぶは皮を厚めにむき、1cm厚さのいちょう切りにする。新玉ねぎは縦半分に切って横薄切りにする。

2 厚手の鍋に、バター、オリーブオイルを入れ、中火にかける。バターが溶けたら新玉ねぎを加えてさっと炒める。全体がなじんだら、かぶを加えて炒め、全体に油がまわったら水300㎖を注ぐ。塩ひとつまみを加え、沸騰したら表面がふつふつとするくらいの弱火にし、ふたをして30分ほど煮る。

3 かぶがくたくたになったら塩小さじ$\frac{1}{2}$〜1で調味する。粗熱をとって、ハンドブレンダーでなめらかになるまで攪拌し、弱火にかけて温める。

コーンミールブレッド（p.132）

カルド・ヴェルデ

ポルトガルに滞在した時にいろんなお店でスープを楽しみました。
一番多かったのはこのカルド・ヴェルデです。
具がたくさん入っているものもありましたが、
じゃがいもにちりめんキャベツの入ったシンプルなものが一番好みでした。
リスボンの丘の上にある古いパン屋さんで食したカルド・ヴェルデは、
大鍋で煮られたであろうシンプルな構成のおいしさで、疲れた旅の体を癒してくれました。
本来はちりめんキャベツで作りますが、
ここでは代わりに、今は身近になったケールを刻んで入れました。
ケールはだしの出る野菜なので、少ない素材で作っても、しっかりとした味わいのスープになります。
ポルトガルでは「Broa」というコーンミールのパンが一緒に運ばれることが多かったので、
手軽に作れるコーンミールブレッドを添えました。

材料（4人分）

ケール（サラダ用）……6枚
新玉ねぎ（または玉ねぎ）……1個（200g）
じゃがいも（メークイン）……3個
にんにく……1片
オリーブオイル……大さじ3
塩……適量
粗挽き黒こしょう……適量

ケールはアブラナ科の野菜で、加熱すると旨みが増すので、最後に加え、弱火で煮て、持ち味を残す。葉が柔らかく、苦みの少ないサラダ用を使う。

1 ケールはせん切りに、新玉ねぎは縦半分に切って横薄切りに、じゃがいもは1cm厚さのいちょう切りにする。にんにくは縦半分に切って、芯を除く。

2 厚手の鍋にオリーブオイル、にんにくを入れて中火にかけ、香りが立ったら新玉ねぎと塩ひとつまみを加えて炒める。油がまわったらふたをして弱火にし、途中何度か混ぜながら、しんなりするまで10分蒸し焼きにする。

3 じゃがいもと水500mlを加えて弱めの中火にし、10分煮る。じゃがいもが煮くずれるくらいの柔らかさになったら、ハンドブレンダーでなめらかになるまで攪拌する。

4 ケールを加えて弱火にし、途中混ぜながら5分煮て、塩小さじ1/2、こしょうで調味する。器に盛り、好みでオリーブオイルをかける。

薄切り豚とクレソンの湯

春の店頭に並ぶたっぷりのクレソンは、見つけると手に取ってしまう食材です。
豚肉の甘さ、青い香りのクレソンを合わせて中華スープにしました。
塩味のシンプルなスープですが、豚肉に塩を揉み込んで少しおくことで、
下味がつき、味わい深くなります。
全体のバランスをとるのは、ほんの少しのナンプラーと酢です。
直接的な味わいというよりも、全体のバランスをとってくれます。
麺に仕立ててもおいしいので、ぜひお好みの麺を加えてみてください。

材料（4人分）

豚肩ロース薄切り肉……200g
塩……2g（豚肉の重量の1％）
クレソン……80g
A ┌ ナンプラー……大さじ1
　 │ 塩……小さじ1/2
　 └ 酢……小さじ1/2

［煮汁］
にんにく……1片
しょうがの薄切り……3枚
長ねぎの青い部分……1/2本分
酒……大さじ3
水……800mℓ

1　豚肉に分量の塩を揉み込み、冷蔵室で30分〜1時間おく。クレソンは長ければ半分に切る。煮汁のにんにくは縦半分に切って、芯を除く。

2　鍋に煮汁を入れて強火にかけ、沸騰したら中火にする。豚肉をほぐしながら加え、煮立ったらアクを除く。5分煮て、Aを加えて調味する。長ねぎの青い部分を除き、クレソンを加えてさっと煮る。

豚肉は塩を揉み込んで下味をつけ、即席の塩豚にする。薄切り肉を使うことで、切らずに作れ、旨味がすぐに汁に溶け出す。器にも盛りつけやすく、口当たりもよい。

69

夏のスープ

毎夏、存分に太陽の光を浴びたピカピカの夏野菜が
店先にたっぷりと並ぶ姿に高揚してしまいます。
食欲が落ちる夏は、スパイスや酸味がきいていたり、
すっきりとした喉越しや冷たさ、
火の前に立たずにさっと作れることなど、
料理の必要事項が頭に浮かびます。
火照った体を労う冷たい果実や夏野菜のスープに、
元気を与えてくれるようなスパイスのきいたスープ、
魚や野菜の澄んだスープも、夏の体に浸透するようです。
それと、夏のスープに欠かせないものといえば、
生のトマトや甘ずっぱい果実に梅干し、レモン汁、ワインビネガー。
ほどよい酸味は食欲を増進してくれるだけでなく、
消化も助けてくれる、夏の体の味方です。

アボカドと豆乳のコールドスープとサルサフレスカ

トマトたっぷりのメキシコのフレッシュソース〝サルサフレスカ〟を食べるための料理。
火を使わずにできる、夏にうれしい冷たいスープです。
アボカドを豆乳でのばしてスープ仕立てにし、夏野菜のサルサフレスカをたっぷりと添えました。
このスープは長らくわが家のスペシャリテのひとつになっています。
大人だけなら、サルサフレスカに緑色のタバスコや青唐辛子を刻んだものを少し入れてみてください。
風味が格段に上がります。

材料（4人分）

アボカド……1個
豆乳……400㎖
レモン汁……大さじ1

［サルサフレスカ］
紫玉ねぎ……1/2個
ミニトマト……15個
　（またはトマト2個を1㎝角に切る）
パクチー……2株
ピーマン……2個
にんにくのみじん切り……1片分
ライムの搾り汁……大さじ2
塩……小さじ1/2
あればタバスコ（ハラペーニョソース、
　p.143参照）……小さじ1

1　サルサフレスカを作る。紫玉ねぎはみじん切りにして水にさらし、水けをよくきる。ミニトマトは縦横半分に切る。パクチーはみじん切りに、ピーマンは5㎜四方に切る。ボウルに入れ、その他の材料を加えてよく混ぜ合わせ、冷蔵室で冷やす。

2　アボカドは縦半分に切って種を除き、粗く刻む。別のボウルに入れてレモン汁をふりかけ、ハンドブレンダーやフードプロセッサーなどで攪拌する。アボカドが潰れはじめたら、豆乳の1/3量を加え、さらに攪拌する。これをくりかえし、豆乳をすべて加えるまで攪拌し、冷蔵室で冷やす。

3　食べる直前に2を器に盛り、サルサフレスカをのせる。好みでオリーブオイルを回しかける。

切ったアボカドにレモン汁をふりかけておけば、
翌日まできれいな緑色がキープできる。

ライタスープとトマトと新しょうがのマリネ

ライタとは南アジア諸国で親しまれているヨーグルトサラダです。

本来はサラダなので、ヨーグルトを少なめにするのが主ですが、

ここではヨーグルトを多めにし、コールドスープに仕立てました。

小さいトマトと新しょうがを合わせたマリネを添えているので、一緒に混ぜて召し上がってください。

このスープを前菜にし、スパイスのきいたメインを据えれば、真夏にぴったりの献立のでき上がりです。

材料（4人分）

きゅうり……1½本

スペアミント……5枝

A ┌ ヨーグルト（無糖）……200g
　├ レモン汁……大さじ1
　├ おろしにんにく……½片分
　├ オリーブオイル……小さじ1
　├ 塩……小さじ½
　└ クミンパウダー……小さじ½

［トマトと新しょうがのマリネ］

黄ミニトマト……15個

新しょうが……2かけ

1 きゅうりは1本はみじん切りにし、残りは5㎜角に切る。ミントは葉を摘んで粗みじん切りにする。

2 トマトと新しょうがのマリネを作る。ミニトマトは縦半分に切り、新しょうがは薄いいちょう切りにする。小さめのボウルに入れて混ぜ合わせ、冷蔵室で冷やす。

3 別のボウルにAを入れてよく混ぜる。1を加えてさっと混ぜ、冷蔵室で冷やす。

4 食べる直前に3を器に盛り、2をのせる。

ライタスープに加えるミントは、葉が柔らかく、清涼感、甘み、苦みのバランスの良いスペアミントを選ぶこと。ペパーミントは葉がかたく、清涼感も強いため不向き。

牛ひき肉とひよこ豆のモロッカンスープ

モロッコ風のスパイスが香るトマトベースのスープです。
野菜と肉と豆、たっぷりのトマトを煮込み、それをスパイスでまとめます。
わが家ではシナモンパウダーを入れるのが必須で、急に遠い異国の香りになるような気がします。
スープだけで味わうのはもちろん、クスクスもとても合います。

材料（4人分）

牛ひき肉……200g

ひよこ豆の水煮……200g

玉ねぎ……1個

セロリ……1/2本

パクチー……2株

ミニトマト……15個

オリーブオイル……大さじ3

にんにくのみじん切り……1片分

しょうがのみじん切り……1かけ分

トマトペースト……1袋（18g）

ローリエ……1枚

A ┌ アリッサ（下記参照）……大さじ1
　│ コリアンダーパウダー……小さじ2
　│ クミンパウダー……小さじ2
　│ パプリカパウダー……小さじ2
　└ シナモンパウダー……小さじ1/2

塩……適量

1　ひよこ豆は水けがあればきり、半量をフォークで粗く潰す。玉ねぎ、セロリは1cm四方に切る。パクチーは葉と茎、根に切り分け、葉と茎はざく切りにする。

2　厚手の鍋にオリーブオイル、にんにく、しょうがを入れて中火にかける。香りが立ったら、牛ひき肉を加え、色が変わり、ポロポロとした状態になるまで炒める。玉ねぎ、セロリ、ミニトマト（切らずに加える）、塩ひとつまみを加え、全体に油がまわるまで炒め、トマトペーストを加えてよく混ぜる。

3　ひよこ豆と水700mℓを加えてひと混ぜし、ローリエ、パクチーの根、Aを加えてさっと混ぜる。弱めの中火で20分煮て、塩小さじ2/3〜1で調味する。

4　器に盛り、パクチーの葉と茎を添え、好みでクスクス（下記参照）、レモン、アリッサを添える。

ひよこ豆は水煮した市販品を使うと手軽。味の決め手のアリッサ（ハリッサともいう）は唐辛子とスパイスを発酵させたチュニジアの調味料。

スープと混ぜて食べたい
○クスクス

材料と作り方（作りやすい分量）

耐熱ボウルに、インスタントクスクス（p.143参照）150g、オリーブオイル大さじ1、塩少々を入れてよく混ぜる。熱湯150mℓを注ぎ、ラップをかけて10分おいて蒸らし、スプーンでよく混ぜる。

プラムとトマトのガスパチョ

スペインやポルトガルの家庭料理として知られるガスパチョは、
トマトをベースに夏野菜を攪拌した冷たいスープです。トマトと皮ごとのプラムを合わせることで、
色味が美しく、酸味と甘みが調和した夏にふさわしいガスパチョになりました。

材料（4人分）

プラム——300g
トマト——2個（300g）
A ┌ オリーブオイル——大さじ3
　│ 赤ワインビネガー——大さじ1
　│ 塩——小さじ1
　│ 粗挽き黒こしょう——少々
　└ 塩麹（市販）——大さじ½

［赤玉ねぎのアリッサあえ］
赤玉ねぎの粗みじん切り——適量
アリッサ（p.77参照）——少々

［トッピング］
きゅうりの皮を除いた粗みじん切り——適量
ズッキーニの皮を除いた粗みじん切り——適量
ゆでたキヌア——適量

1 プラムは皮付きのまま、種を除いて粗く刻む。トマトは粗く刻み、プラムとともにボウルに入れる。Aを加えてよく混ぜ、ラップをかけて冷蔵室で3時間以上冷やす。

2 赤玉ねぎのアリッサあえを作る。赤玉ねぎは水にさらし、水けをよくきってアリッサをあえる。

3 プラムとトマトから十分水分が出たら、ハンドブレンダーなどでなめらかになるまで攪拌し、好みでアリッサ少々を加えてさっと攪拌する。

4 器に盛り、赤玉ねぎのアリッサあえ、トッピングのきゅうり、ズッキーニ、キヌアをのせ、好みでオリーブオイルを回しかける。

塩麹は麹と塩、水で作る発酵調味料で、ビタミンやアミノ酸も多く含む。酵素が食材を柔らかくし、料理に旨味や深いコクを与える。

塩麹をオリーブオイルや赤ワインビネガーと合わせ、切ったトマトとプラムを漬けて水分を引き出す。冷蔵室において味をなじませる。

豚肉とあさりのアレンテージョスープ

山海の食材を合わせた、ポルトガル・アレンテージョ地方の郷土料理。
ポルトガルで出合った豚肉とあさりの煮ものの水分を増やし、
あさりの旨味が詰まったスープにしました。
本来は入っていないドライトマトを加えることで、風味が一層重なります。
豚肉とあさりのだしを吸ったじゃがいもが隠れた主役でもあります。

材料（4人分）

豚肩ロースかたまり肉……300g
A ┌ 赤パプリカのすりおろし……½個分
　│ おろしにんにく……1片分
　│ 白ワイン……大さじ4
　│ 塩……小さじ½
　└ パプリカパウダー……小さじ2
あさり……300g
ドライトマト……5個
トマト……大2個
じゃがいも（メークイン）……2個
玉ねぎ……1個
赤パプリカ……½個
パクチー……3株
オリーブオイル……大さじ3
トマトペースト……1袋（18g）
ローリエ……1枚
塩……小さじ½
粗挽き黒こしょう……適量

下準備

・あさりはバットに入れて、濃度3％ほど
　の塩水を注ぎ、アルミホイルでバットを
　覆って1時間以上おいて砂抜きする。貝殻
　をよくこすり合わせ、流水で洗う。
・豚肉は3cm角に切り、ポリ袋に入れ、Aを
　加えてよく揉み、冷蔵室に30分ほどおく。
・ドライトマトは小さめのボウルに入れ、
　熱湯700mℓを注ぎ、10分以上つけて戻し、
　取り出して5mm幅に切る。戻し汁は取り
　おく。

1　トマト、じゃがいもは1.5cm角に、玉ねぎ、パプリカ
　は1.5cm四方に切る。パクチーは葉と茎に分けて、そ
　れぞれ粗く刻む。

2　厚手の鍋にオリーブオイルを入れて、中火にかけ、油
　が熱くなったら下準備した豚肉を汁ごと入れ、色が変
　わるまで上下を返しながら炒める。トマトペーストを
　加え、溶かすようにして全体にからめる。

3　トマト、玉ねぎ、パプリカを加えて炒め合わせる。ド
　ライトマトと戻し汁を加えて混ぜ、じゃがいも、ロー
　リエ、パクチーの茎を加え、強めの中火で25分煮る。

4　じゃがいもに火が通ったら、あさりを加え、さらに5
　分煮る。あさりの口が開いたら、味見をして、塩、こ
　しょうで調味する。器に盛り、パクチーの葉をのせる。

ドライトマトを入れる
のは、私のオリジナル。
戻し汁もだしとして活
用し、料理に旨味と酸
味をプラスする。

鯛と梅干しのスープ、夏薬味のせ

昆布を水からさっと煮て、鯛のだしと梅干しで奥行きのある味に。
白身魚であれば何でもよいですが、脂がのっているものがおすすめ。梅干しをくずしながら食べます。
また、梅干しからどんどん塩分が出てくるので、スープが残ったら、食べる時に水分を足してください。

材料（4人分）

鯛（または好みの白身魚）……4切れ
塩……少々
昆布（10×5cm）……1枚
A 「 梅干し……中4個
　　 しょうがの薄切り……2枚
　　 酒……大さじ3
薄口しょうゆ（または白しょうゆ）……大さじ2

［夏薬味］
青じそ……10枚
新しょうが……1片
みょうが……4個

1 夏薬味を作る。青じそ、新しょうがはせん切りに、みょうがは小口切りにして水にさらす。パリッとしたら水けをよくきり、ボウルに入れて混ぜ、冷蔵室で冷やす（こうすることでよりパリッとする）。

2 鯛は長さを半分に切り、塩をふって、10～15分おく。ざるに重ならないようにのせ、熱湯をまんべんなくかけて、霜降りにする。冷水にとって、うろこや血などをこすって落とし、ざるに上げる。

3 鍋に水800mℓと昆布を入れ、中火にかける。表面がふつふつとしたら昆布を取り出し、Aを加えて2分煮る。表面がふつふつとするくらいの弱めの中火にし、2をそっと加え、8～10分煮て、薄口しょうゆで調味する。器に盛り、夏薬味をのせる。

残ったスープで
○ 鯛にゅうめん

材料と作り方（1～2人分）
そうめん（p.143参照）1～2束は袋の表示通りにゆで、冷水で洗って水けを絞る。鯛と梅干しのスープを中火にかけ、そうめんを入れて温め、器に盛り、夏薬味をのせる。

えびと鶏ひき肉のルークチンスープ

タイの屋台などで見かける、練りもので作ったすり身だんごがルークチンです。
今回は、鶏ひき肉とえびにバイマックルーを加えて作りました。
えびは大きめに刻んで、食感を残すのがコツです。
とうもろこしのだしの甘みに、バイマックルーの香りがよく合います。

材料（4人分）

鶏ひき肉（むね、ももの混合）──300g

むきえび──150g

A ┌ 塩──少々
　└ 片栗粉──少々

とうもろこし──1本

バイマックルー──5枚

卵──1個

長ねぎ（白い部分）のみじん切り──$\frac{1}{2}$本分

しょうがのみじん切り──1かけ分

ナンプラー──大さじ1

酢──小さじ$\frac{1}{2}$

[合わせ調味料]

片栗粉──大さじ2

酒──大さじ1

ナンプラー──大さじ$\frac{1}{2}$

塩──小さじ$\frac{1}{2}$

白こしょう──少々

[煮汁]

しょうがの薄切り──2枚

長ねぎの青い部分──1本分

バイマックルー──1枚

酒──大さじ3

水──1000mℓ

バイマックルーはこぶみかんの葉のこと。トムヤムクンなどに入っている。タイやマレーシアなど熱帯地域を原産地とし、かんきつのさわやかな香りを持つ。タイ食材を扱う店やインターネットで購入可能。

1 とうもろこしは、縦半分に切って、2cm幅に切る。バイマックルーはせん切りにする。

2 えびは背わたを除き、ボウルに入れてAを加えて揉み、流水で洗う。ペーパータオルで水けを拭き、粗く刻む。

3 別のボウルに、鶏ひき肉、卵、合わせ調味料を入れてよく練り混ぜる。粘りが出たら、バイマックルー、長ねぎ、しょうがを加えてよく混ぜ、2のえびを加えて潰れないようにさっと混ぜる。

4 鍋に煮汁を入れて中火にかける。表面がふつふつと沸いてきたら、とうもろこしを加え、3を16等分して、スプーンで丸く成形しながら、汁に落とす。弱めの中火で15分煮て、ナンプラーと酢で調味する。

残ったスープで
◯ ルークチンのフォー

材料と作り方（1〜2人分）

フォー（p.143参照）50gは袋の表示通りにゆで、ざるにあけて湯をきる。ルークチンスープを中火にかけ、フォーを入れてさっと煮る。器に盛り、ライムを添える。

秋のスープ

本格的なあつあつのスープの季節のはじまりとなる秋。
「待ってました！」とばかりに、秋にふさわしいスープの登場が多くなります。
旨味たっぷりのきのこに、甘くなってきたじゃがいも、
大きな骨付き肉をじっくりと煮込んだり、
とろりとしたスープもうれしい時季です。
手軽なむき甘栗を使ったポタージュ、
鮭を使ったミルク仕立ての北欧のスープも、秋のとっておきメニュー。
ストロガノフ風スープには赤味噌を加え、
食べ飽きない味に仕上げました。
骨付き鶏肉と干ししいたけの湯の
鶏と干ししいたけの組み合わせは
小さい頃からの好物で、このスープの滋養は
夏の疲れを取り払ってくれると思います。

甘栗とじゃがいものポタージュ

思い立った時にすぐに取りかかれる、むき甘栗を使った秋らしいポタージュです。
ローリエを1枚加え、洋風の料理然とした風味にしていますが、
ローリエを入れずに甘栗とじゃがいもの素直な風味で作るのもおすすめです。
ここでは牛乳や豆乳でのばしていますが、寒さが深まった時季には生クリームを少し加えてのばし、
こっくりとしたポタージュに仕立ててもよいと思います。

材料（4人分）

甘栗（皮をむいてあるもの）……200g
玉ねぎ……1個
じゃがいも（メークイン）……2個
にんにく……1片
有塩バター……50g
オリーブオイル……大さじ3
ローリエ……1枚
牛乳（または豆乳）……100〜150㎖
塩……適量

皮がむいてある、おやつ用の甘
栗を使用。コクのあるポタージ
ュが手間をかけずに作れる。

1 玉ねぎは縦半分に切って横薄切りにする。じゃがいも
は一口大に切る。にんにくは縦半分に切って、芯を除く。

2 厚手の鍋に、バター、オリーブオイル、にんにくを入
れ、中火にかける。バターが溶けたら玉ねぎを加えて
さっと炒める。玉ねぎが透き通ったら、じゃがいも、
甘栗を加えて炒め、全体に油がまわったら水500㎖を
注ぐ。ローリエ、塩ひとつまみを加え、沸騰したら表
面がふつふつとするくらいの弱火にし、ふたをして
30分ほど煮る。

3 甘栗が煮くずれるくらいの柔らかさになったら、塩小
さじ$\frac{1}{2}$〜1で調味し、火を止めて粗熱をとり、ローリ
エを除く。ハンドブレンダーでなめらかになるまで攪
拌する。牛乳を加えて混ぜ、弱火にかけて温める。器
に盛り、好みで牛乳（または豆乳）をところどころに
スプーンで落とし、刻んだ甘栗をちらす。

アイリッシュシチュー

ラムのおいしさを吸ったじゃがいものスープは、一番寒い日に食したいメニューです。
ラム肩ロース肉とラムチョップという、別々の部位を混ぜて加えることで、
格段に味わい深くなります。ディジョンマスタードを溶かしながら食べるのが、わが家の定番です。

材料（4人分）

ラム肩ロース肉、ラムチョップ
　　……合わせて500g

［下味］
塩……小さじ1/2
粗挽き黒こしょう……少々

玉ねぎ……1個
じゃがいも（メークイン）……3個
にんにく……2片
有塩バター……15g
オリーブオイル……大さじ2
白ワイン……50㎖
塩……小さじ1/2

［煮汁］
粒黒こしょう……10粒
タイム……5枝
ローリエ……1枚
水……800㎖

1　ラム肩ロース肉は大きめの一口大に切る。ボウルにラムチョップとともに入れて下味を揉み込み、15分以上おく。

2　玉ねぎは四つ割りにして、横5㎜幅に切る。じゃがいもは2㎝厚さの半月切りにする。にんにくは縦半分に切って、芯を除く。

3　厚手の鍋に、バター、オリーブオイル、にんにくを入れて中火にかける。香りが立ったら1を入れて、途中上下を返しながら、薄い焼き色がつくまで焼く。白ワイン、玉ねぎ、じゃがいもを加え、全体に油がまわったら煮汁を加え、途中アクを除きながら、表面がふつふつとするくらいの弱めの中火で30分煮る。

4　味見をして塩で調味し、器に盛る。好みでディジョンマスタードを添え、溶き混ぜながら食べる。

ラム肩ロース肉、ラムチョップは塩もみをして下味をつける。こうすることでラム特有の臭みが消え、柔らかく仕上がる。

レーズンとローズマリーの
ホットビスケット（p.114）

ロヒケイット

ミルクベースですが、魚とシンプルな野菜で作るので、
思いのほかあっさりとしていて、どなたにでも喜ばれるスープだと思います。
北欧通の友人宅でごちそうになって以来、わが家では私も娘もお気に入りのスープになりました。
鮭のだしはすぐに出るので、最後の5分でさっと煮て、柔らかく仕上げてください。

材料（4人分）

生鮭……4切れ

玉ねぎ……1個

長ねぎ……1本

じゃがいも（メークイン）……2個

ディル……8枝

有塩バター……15g

オリーブオイル……大さじ2

白ワイン……50㎖

ローリエ……1枚

牛乳……300㎖

塩……適量

粗挽き黒こしょう……少々

たっぷりのディルが味の決め手であり、
スープ全体のつなぎ役にも。市販のディ
ルなら1パックをすべて入れてOK。

1 鮭は大きめの一口大に切る。塩少々をふって10〜15分おき、流水で洗って、ペーパータオルで水けを拭く。

2 玉ねぎは四つ割りにして、横5㎜幅に切る。長ねぎは縦半分に切って3㎝長さに切る。じゃがいもは2㎝厚さの半月切りにする。ディルは茎と葉に切り分け、それぞれざく切りにする。

3 厚手の鍋にバターとオリーブオイルを入れて中火で熱し、バターが溶けたら、玉ねぎ、長ねぎを入れて炒め合わせ、じゃがいもを入れてさっと炒める。全体に油がまわったら、白ワインを加えてさっと煮て、水500㎖、ディルの茎、ローリエを加えてふたをし、15分煮る。

4 じゃがいもに竹串を刺してみてスーッと通るようになったら牛乳を加え、鮭をそっと入れて、ふたをせずに5分煮る。鮭に火が通ったら、ディルの葉を加え、塩小さじ$\frac{1}{4}$、こしょうで調味する。器に盛り、好みでサワークリームとディルのざく切りをのせる。

牛肉ときのこのストロガノフ風スープ

ストロガノフは本来煮込み料理ですが、水分を多くしてスープにしました。
市販のデミグラスソースを使わず、赤味噌で軽く仕上げているので、たっぷりと食べられます。
きのこは、お好みのものを何種類か加えてみてください。

材料（4人分）

牛薄切り肉……200g

［下味］
塩……少々
こしょう……少々
薄力粉……大さじ2

しいたけ……大3枚
ブラウンマッシュルーム……大5個
にんじん……1/2本
にんにくのみじん切り……1/2片分
玉ねぎの縦薄切り……1/2個分
有塩バター……15g
オリーブオイル……大さじ2
赤ワイン……大さじ3
A ┌ トマトケチャップ……大さじ3
　│ トマトペースト……1袋（18g）
　│ 中濃ソース……大さじ2
　│ 赤味噌（八丁味噌など）……大さじ2
　│ パプリカパウダー……大さじ1
　│ ナツメグパウダー……少々
　│ ローリエ……1枚
　│ タイム……3枝
　└ 粗挽き黒こしょう……適量
塩……適量

1 牛肉はボウルに入れて、下味を揉み込む。しいたけとマッシュルームはかたい軸を除いて、1cm幅に切る。にんじんは薄い半月切りにする。

2 厚手の鍋にバターと、オリーブオイル大さじ1を入れて中火にかける。バターが溶けたら、1の牛肉を入れて、薄い焼き色がつくまで両面を焼き、いったん取り出す。

3 2の鍋にオリーブオイル大さじ1を足し、にんにくを入れて香りが立ったら、玉ねぎ、にんじんを入れて炒め合わせる。全体に油がまわったら、しいたけとマッシュルームを加えて炒め、ふたをして、3〜5分蒸し焼きにする。きのこの水分が出たら、赤ワインを加えてさっと混ぜる。水500㎖、Aを加え、表面がふつふつとするくらいの弱めの中火で10分煮る。

4 にんじんが柔らかくなったら、牛肉を戻し入れてさっと煮る。全体にとろみがついたら塩小さじ1/2で調味し、味見をして、足りないようなら塩で味をととのえる。器に盛り、好みでサワークリームをのせ、パセリご飯（p.96）を添える。

赤味噌とトマトペーストを加えることで、長時間煮込まなくても深みのある味になる。

牛肉ときのこのストロガノフ風スープに
合わせたい

○ パセリご飯

材料と作り方（2人分）

温かいご飯茶碗2杯分に、パセリ
の粗みじん切り $\frac{1}{2}$ 束分を加えて
混ぜる。

きのことチキンのレモンフリカッセスープ

仕上げにレモン汁とすりおろした皮を一緒に加え、さわやかな風味をきかせます。
本来、生クリームで煮込む料理ですが、牛乳や水も加えて軽さのあるスープに仕上げました。
鶏むね肉で作ると、さらにさっぱりするので、そちらもおすすめです。

材料（4人分）

鶏もも肉……大1枚（350g）

［下味］
塩……小さじ1
こしょう……少々
薄力粉……大さじ2

好みのきのこ（ここではしいたけ、マッシュ
　　ルーム）……合わせて250g
玉ねぎ……1個
長ねぎ……1本
にんにくの薄切り……1片分
有塩バター……30g
オリーブオイル……大さじ1
白ワイン……50mℓ
生クリーム（脂肪分42%）……100mℓ
レモン汁……大さじ2
レモン（無農薬）の皮のすりおろし……1個分
ナツメグパウダー……少々
塩……適量

［煮汁］
ローリエ……1枚
タイム……2枝
牛乳（または豆乳）……200mℓ
水　500mℓ

1 きのこはかたい軸を除いて、大きければ食べやすい大
　きさに切る。玉ねぎは四つ割りにし、横5mm幅に切る。
　長ねぎは縦半分に切って3cm長さに切る。

2 ボウルに水適量を入れて、塩少々を溶かし、鶏肉を洗
　う。流水で洗ってペーパータオルで水けを拭き、余分
　な脂を除く。一口大に切って、下味の塩、こしょうを
　ふり、薄力粉をまぶす。

3 厚手の鍋にバターとオリーブオイルを入れて中火にか
　ける。バターが溶けたら、2を並べ入れ、色が変わる
　まで両面焼いて、いったん取り出す。

4 3の鍋ににんにく、玉ねぎ、長ねぎを入れて炒め合わ
　せ、香りが立ったら、きのこを加えてふたをし、3〜
　5分蒸し焼きにする。きのこの水分が出たら、白ワイン
　を加えて混ぜ、煮汁を注いで、表面がふつふつとする
　くらいの弱めの中火にし、鶏肉を戻し入れて10分煮る。

5 生クリームを加え、再度表面がふつふつとしてきたら、
　レモン汁とレモンの皮のすりおろし、ナツメグを加え
　て混ぜる。味見をして、足りないようなら塩で味をと
　とのえる。

鶏肉は薄力粉をまぶして焼
くと、その粉がとろみにな
る。生クリームで白く仕上
げたいので、焼き色はなる
べくつけないようにする。

骨付き鶏肉と干ししいたけの湯

家の料理は飽きずに食べ続けられ、ゆったりと体に慣れ親しんでいくものが良いと思っています。
干ししいたけと鶏の組み合わせのスープは、小さな頃から親しんできた懐かしい味です。
しみじみとしみ渡るような味わいにするために、
蒸しスープのイメージで弱火でゆっくり火を入れていきます。

材料（4人分）

骨付き鶏もも肉……3〜4本（600g）
干ししいたけ（どんこタイプ）……6枚
長ねぎ……2本
にんにく……2片
塩……適量

［煮汁］
しょうがの薄切り……5枚
粒黒こしょう……10粒
塩……小さじ1/4
酒……200ml
紹興酒……100ml
水……1500ml

下準備

・干ししいたけはボウルに入れてかぶるくらいの水を注ぎ、冷蔵室に一晩おく。短時間で戻したい場合は、耐熱容器に干ししいたけとかぶるくらいの水を入れ、しいたけがつかるように落としラップをして、600Wの電子レンジで5分加熱する。戻し汁は取りおく。

干ししいたけはレンジ加熱すると簡単に戻せる。急いでいる時はぜひ活用を。

1 長ねぎは5cm長さに切る。下準備した干ししいたけは軸を除く。にんにくは縦半分に切って芯を除く。

2 骨付き鶏もも肉は、余分な脂を除いて、3等分に切る（p.33参照）。耐熱ボウルに入れて、熱湯をかけ、表面の色が変わったら湯を捨て、流水で血のかたまりや脂を洗い、水けをきる。

3 鍋に煮汁と2の鶏肉、長ねぎ、にんにくを入れて強火にかけ、沸騰直前になったら弱火にしてアクを除く。干ししいたけ、しいたけの戻し汁150mlを加え、アクを除きながら、ゆっくりと対流するくらいのごく弱火にして1時間煮る。味見をして、足りないようなら塩で味をととのえる。

骨付き鶏もも肉は、熱湯をかけてから流水で血のかたまりや脂をよく洗い、臭みを除く。

だしをとっても作りたいスープのこと

わが家はだし要らずの、素材から煮出すスープを
作ることが多いのですが、
どうしてもはずすことができなかったのが
「牡蠣のみぞれ汁」です。
お蕎麦屋さんにある牡蠣蕎麦をイメージして作ったものですが、
このスープばかりは、和食の下支えになる
かつおと昆布のだし汁の旨味が必要です。
家で作ると、思う存分に牡蠣を入れられますし、
たっぷりと大根おろしの汁が味わえます。
黄ゆずの皮とおろししょうがが入って完成ですので
ぜひ忘れずに加えてください。
そのまま味わったあとには、稲庭うどんを入れて食します。
これを楽しみに、多めにみぞれ汁を作っておくほど、
わが家では冬のごちそうです。

牡蠣のみぞれ汁

秋から冬にかけて、必ず作るのがこのスープです。
牡蠣は10個としていますが、好きな方はもっと入れても。たっぷりの大根おろしを煮込んで、
とろみと甘みをつけ、牡蠣にまとわせます。黄ゆずの皮とおろししょうがを忘れずに。

材料（4人分）

生牡蠣⋯⋯大10個

A ┌ 塩⋯⋯適量
　└ 片栗粉⋯⋯適量

大根おろし⋯⋯350g（約 $\frac{1}{3}$ 本分）

サラダ油⋯⋯大さじ2

かつおと昆布のだし汁⋯⋯500㎖

[合わせ調味料]

酒⋯⋯大さじ2

みりん⋯⋯大さじ1

薄口しょうゆ（または白しょうゆ）⋯⋯大さじ1

しょうゆ⋯⋯大さじ1

塩⋯⋯小さじ1

[トッピング]

黄ゆずの皮⋯⋯適量

おろししょうが⋯⋯適量

1 牡蠣はボウルに入れて、Aを加え、全体を回すようにしてやさしく洗い、濁ってきたら、流水で洗う。ペーパータオルで包み、やさしく水けを拭く。

2 牡蠣に1個ずつ片栗粉（分量外）を薄くまぶす。フライパンにサラダ油を中火で熱し、牡蠣を両面焼き、ふっくらとしたら取り出す。

3 鍋にだし汁を入れて中火にかける。表面がふつふつとしたら、合わせ調味料を加えて強火にし、再びふつふつとしたら、中火にして大根おろしを汁ごと加える。再度ふつふつとしたら、2の牡蠣を加えて2分煮る。器に盛り、トッピングをのせる。

きれいに洗って水けをきった牡蠣は片栗粉を薄くまぶして両面を焼きつけ、旨味が逃げないようにする。

大根おろしを大量に作る時は、大根の皮をむき、2㎝角に切ってからフードプロセッサーにかけると簡単でよい。

二日目に作りたい
○みぞれうどん

材料と作り方（1〜2人分）

稲庭うどん（p.143参照）1〜2束は袋の表示通りにゆで、冷水で洗って水けを絞る。牡蠣のみぞれ汁を中火にかけ、稲庭うどんを入れて温め、器に盛る。

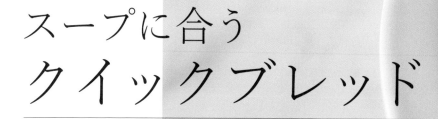

スープに合う
クイックブレッド

スープと合わせて食べたいセイボリークイックブレッドを紹介します。

"セイボリー" とは塩けのある食べ物のことを意味します。

わが家で度々食卓にのぼるのは、スコーン、ビスケット、マフィン、

コーンミールブレッドの4種類です。

塩味がきいたセイボリークイックブレッドは、スープとの相性が良く、

生地を発酵させる必要がないので、気軽に作れるのもうれしい。

平日には難しいかもしれませんが、

休日に作ってブランチにしたり、多めに焼いて月曜日の朝食やランチにも。

セイボリーだから食事に合います。

作る際、小麦粉は冷やしておいたものを使ってください。

新鮮さが保たれ、生地をまとめる際にもベタつきが少なく、扱いやすくなります。

さっと作れるクイックブレッドが、

日常の新しいメニューのひとつになれば、うれしく思います。

ホットビスケット

思い立ったら30分ほどで焼き上がるホットビスケットです。
アメリカ南部発祥のホットビスケットはいろんなレシピがありますが、
私はサワークリームを使い、
しっとりサクッとしたレシピにしました。
焼きたてのホットビスケットをぜひ味わってみてください。

基本のホットビスケット

薄力粉にサワークリーム、溶かしバター、砂糖、牛乳を加えて、
外はサクッと、中はしっとりと焼き上げます。

サワークリーム
ホットビスケット

卵を使わないのでシンプルな味わいです。
焼きたてにバターをのせたり、ハムやチーズなどを挟んで、
少し溶かしながら食べるのもおすすめです。

材料（直径5.5cmの丸型7〜8個分）

薄力粉……250g
サワークリーム……小1パック（90mℓ）
きび砂糖……20g
牛乳……100mℓ
バター（食塩不使用）……50g
ベーキングパウダー……7g
塩……1g

下準備

・バターは耐熱容器に入れて600Wの電子レンジ
　で1分加熱し、溶かしバターにする。
・天板にオーブンペーパーを敷く。
・オーブンは180℃に予熱する。

基本のホットビスケットの作り方

1 サワークリームと砂糖を混ぜる

ボウルにサワークリームを入れ、泡立て器で数回混ぜてなめらかにする。きび砂糖をふるって加え、ざっと混ぜる。

2 牛乳を加える

牛乳を2回に分けて加え、そのつどなめらかになるまで混ぜる。

3 溶かしバターを加える

溶かしバターを加え、なじむまでよく混ぜ
合わせる。

4 粉類を加える

薄力粉、ベーキングパウダー、塩をふるい
入れる。

5 混ぜる

ゴムべらで全体を大きく混ぜ合わせ、ひとまとまりにする。打ち粉（薄力粉・分量外）をした台に移し、表面だけがなめらかになるまで、こね過ぎないように気をつけながら、ひとまとまりにする。

6 めん棒でのばす

めん棒で厚さ2.5cmほどの円形にのばす。強くめん棒を押しつけないようにしてのばすとよい。

7 型で抜く

抜き型に薄力粉（分量外）をつけて、6個抜く。余った生地は抜いた生地と同じくらいの大きさにまとめる。

8 オーブンで焼く

天板に並べ、180℃に予熱したオーブンで15〜18分焼く（天板に一度にのらない時は2回に分けて焼く）。

レーズンとローズマリーの
ホットビスケット

ヨーロッパでは定番の組み合わせのローズマリーとレーズンを
ホットビスケットにしました。
食事にも、ちょっとした間食にもぴったりで、
ローズマリーの香りとレーズンの甘さが後を引きます。

材料（9個分）

レーズン……60g
ローズマリー……2枝
薄力粉……250g
サワークリーム……小1パック（90㎖）
きび砂糖……20g
牛乳……100㎖
バター（食塩不使用）……50g
ベーキングパウダー……7g
塩……1g

下準備

・バターは耐熱容器に入れて600Wの電子
　レンジで1分加熱し、溶かしバターにする。
・ローズマリーは葉を摘み、粗みじん切り
　にする。
・天板にオーブンペーパーを敷く。
・オーブンは180℃に予熱する。

1　ボウルにサワークリームを入れ、泡立て器で数回混ぜ
　てなめらかにする。きび砂糖をふるって加えてざっと
　混ぜ、牛乳を2回に分けて加え、そのつどなめらかに
　なるまで混ぜる。溶かしバターを加え、なじむまでよ
　く混ぜ、レーズン、ローズマリーを加えてよく混ぜる。

2　薄力粉、ベーキングパウダー、塩をふるい入れ、ゴム
　べらで全体を大きく混ぜ合わせる。

3　打ち粉（薄力粉・分量外）をした台に移し、表面だけ
　がなめらかになるまで、こね過ぎないように気をつけ
　ながら、ひとまとまりにする。

4　めん棒で厚さ2.5㎝ほどの正方形にのばす。縦3等分、
　横3等分に切り、9個作る。

5　天板に並べ、好みで上面に薄力粉をふり、180℃に予
　熱したオーブンで15〜18分焼く（天板に一度にのら
　ない時は2回に分けて焼く）。

とうもろこしとベーコンの
セイボリーホットビスケット

生地の中にとうもろこしとベーコンを混ぜて焼いたホットビスケットは、
夏のとうもろこしの出盛りの頃に必ず作りたくなります。
とうもろこしの自然な甘さとベーコンの塩けが、夏のスープにぴったり。
小さなお子さんたちにも食べやすく、喜んでいただける味です。

材料（8個分）

ゆでたとうもろこし ── 1本

ベーコン ── 80g

薄力粉 ── 250 g

サワークリーム ── 小1パック（90㎖）

きび砂糖 ── 20g

牛乳 ── 100㎖

バター（食塩不使用） ── 50g

ベーキングパウダー ── 7g

塩 ── 1g

下準備

・バターは耐熱容器に入れて600Wの電子
　レンジで1分加熱し、溶かしバターにする。
・ゆでたとうもろこしは、包丁で実をそぎ
　取る。この時、バラバラにならないよう
　に厚めにそぎ、飾り用に8切れ取りおき、
　残りはバラバラにする。
・ベーコンは粗みじん切りにする。
・天板にオーブンペーパーを敷く。
・オーブンは180℃に予熱する。

1 ボウルにサワークリームを入れ、泡立て器で数回混ぜ
てなめらかにする。きび砂糖をふるって加えてざっと
混ぜ、牛乳を2回に分けて加え、そのつどなめらかに
なるまで混ぜる。溶かしバターを加え、なじむまでよ
く混ぜ、ベーコンを加えてよく混ぜる。

2 薄力粉、ベーキングパウダー、塩をふるい入れ、ゴム
べらで全体を大きく混ぜ、途中とうもろこしのバラバ
ラにしたものを加え、粉けがなくなるまで混ぜる。

3 打ち粉（薄力粉・分量外）をした台に移し、表面だけが
なめらかになるまで、こね過ぎないように気をつけな
がら、ひとまとまりにする。

4 めん棒で厚さ2.5㎝ほどの円形にのばし、放射状に8
等分に切る。表面に牛乳少々（分量外）を塗って、取
りおいた飾り用のとうもろこしを1切れずつのせる。

5 天板に並べ、180℃に予熱したオーブンで25～30分
焼く（天板に一度にのらない時は2回に分けて焼く）。

スコーン

食事にもおやつにもなる塩味のスコーンをご紹介します。
バターを生地に切り込みながら作ります。
本場イギリスでは、セイボリーのスコーンも定番で、よく見かけました。

基本のスコーン

スコーンのレシピは、卵1個に合わせ、ビスケットやマフィンよりも粉の分量が多いですが、
半量でも同様に作れます。その場合は溶き卵$\frac{1}{2}$個分、ベーキングパウダーは7gにし、
そのほかの材料はすべて半量にして作ってみてください。
余った卵液は、焼く前に刷毛で上面に塗り、つや出しに使ってください。

バジルとパルミジャーノの
セイボリースコーン

刻んだバジルをたっぷり加えた、風味豊かなセイボリースコーン。
パルミジャーノチーズとピザ用のシュレッドチーズを生地に入れ、
しっとりコクのある味わいに。
上面にパルミジャーノチーズを削ってふりかけ、香り良く焼き上げるのもおすすめです。

材料（直径5.5cmの丸型8〜10個分）

バジル……2枝
パルミジャーノチーズ……20g
シュレッドチーズ……30g
強力粉……250g
薄力粉……100g
有塩バター……120g
きび砂糖……30g
ベーキングパウダー……15g
A ┌ 卵……1個
  │ ヨーグルト（無糖）……130g
  └ 牛乳……70mℓ

下準備

・バターは1cm角に切り、冷蔵室で冷やす。
・バジルは葉を摘み、粗く刻む。
・パルミジャーノチーズはピーラーで薄く削り、
　上にのせる用に少し取り分ける。
・天板にオーブンペーパーを敷く。
・オーブンは180℃に予熱する。

基本のスコーンの作り方

1 粉とバターを混ぜる

フードプロセッサーに、強力粉、薄力粉、ベーキングパウダーを入れて、数秒攪拌して空気を入れながら混ぜる。冷やしたバターを加え、手で触って砂状に感じるくらいまでさらに攪拌し、きび砂糖を加え、ざっと攪拌する。

2 具を加える

ボウルに移し、バジルを加えて手でざっと混ぜ合わせる。

5 ひとまとまりにする

打ち粉(強力粉・分量外)をした台に移し、表面だけがなめらかになるまで、こね過ぎないように気をつけながら、ひとまとまりにする。こね過ぎるとサクッと仕上がらないので注意する。

6 めん棒でのばす

めん棒で厚さ2.5cmほどにのばす。強くめん棒を押しつけないようにしてのばすとよい。

3 チーズを混ぜる

パルミジャーノチーズ、シュレッドチーズを加え、全体を手でよく混ぜる。

4 卵、ヨーグルト、牛乳を加える

Aをよく混ぜてから加え、フォークで全体を大きく混ぜ合わせる。

7 型で抜く

抜き型に強力粉(分量外)をつけて、8個抜く。余った生地は、抜いた生地と同じくらいの大きさに丸める。

8 オーブンで焼く

天板に並べ、上にのせる用のパルミジャーノチーズをのせ、180℃に予熱したオーブンで20分焼く(天板に一度にのらない時は2回に分けて焼く)。

ダブルチーズ
セイボリースコーン

チェダーチーズとシュレッドチーズを加えて香ばしく焼いた
大人にも子どもにも愛されるセイボリースコーンです。
チェダーチーズ入りは、本場イギリスでもなじみが深いですが、
ここではシュレッドチーズも加えて、さらにチーズたっぷりのスコーンに仕上げました。

材料（直径5.5cmの菊型8〜10個分）

シュレッドチーズ——80g
チェダーチーズ——80g
強力粉——250g
薄力粉——100g
有塩バター——120g
きび砂糖——30g
ベーキングパウダー——15g
A ┌ 卵——1個
　├ ヨーグルト（無糖）——130g
　└ 牛乳——70mℓ

下準備

・ バターは1cm角に切り、冷蔵室で冷やす。
・ チェダーチーズは1cm角に切る。
・ 天板にオーブンペーパーを敷く。
・ オーブンは180℃に予熱する。

1 フードプロセッサーに、強力粉、薄力粉、ベーキングパウダーを入れて、数秒攪拌して空気を入れながら混ぜる。冷やしたバターを加え、手で触って砂状と感じるくらいまでさらに攪拌し、きび砂糖を加え、ざっと攪拌する。

2 ボウルに移し、シュレッドチーズ、チェダーチーズを加え、全体を手でよく混ぜる。Aをよく混ぜてから加え、フォークで全体を大きく混ぜ合わせる。

3 打ち粉（強力粉・分量外）をした台に移し、表面だけがなめらかになるまで、こね過ぎないように気をつけながら、ひとまとまりにし、めん棒で厚さ2.5cmほどにのばす。

4 抜き型に強力粉（分量外）をつけて、8個抜く。余った生地は抜いた生地と同じくらいの大きさに丸める。

5 表面のチーズをなるべく中に押し込むようにしてから天板に並べ、上面に牛乳（分量外）を刷毛で塗り、180℃に予熱したオーブンで20分焼く（天板に一度にのらない時は2回に分けて焼く）。

ハムとチーズの
ハーブセイボリースコーン

ハムとチーズという、みんなが大好きな組み合わせに、
イタリアンパセリとディルを混ぜ込んだ、人気のセイボリースコーンです。
ここでは四角く切りましたが、
三角に切ったり、型で抜いても。好みの形にして楽しんでください。

材料（9〜10個分）

ロースハム……4枚（50g）

シュレッドチーズ……50g

イタリアンパセリ……10枝

ディル……5枝

強力粉……250g

薄力粉……100g

有塩バター……120g

きび砂糖……30g

ベーキングパウダー……15g

A ┌ 卵……1個
　│ ヨーグルト（無糖）……130g
　└ 牛乳……70㎖

〈下準備〉
・バターは1cm角に切り、冷蔵室で冷やす。
・天板にオーブンペーパーを敷く。
・オーブンは180℃に予熱する。

1　ハムは1cm四方に切り、イタリアンパセリとディルは
　　粗みじん切りにする。

2　フードプロセッサーに、強力粉、薄力粉、ベーキング
　　パウダーを入れて、数秒攪拌して空気を入れながら混
　　ぜる。冷やしたバターを加え、手で触って砂状に感じ
　　るくらいまでさらに攪拌し、きび砂糖を加え、ざっと
　　攪拌する。

3　ボウルに移し、1、シュレッドチーズを加え、全体を
　　手でよく混ぜる。Aをよく混ぜてから加え、フォーク
　　で全体を大きく混ぜ合わせる。

4　打ち粉（強力粉・分量外）をした台に移し、表面だけが
　　なめらかになるまで、こね過ぎないように気をつけな
　　がら、ひとまとまりにし、めん棒で厚さ2.5cmほどの
　　正方形にのばす。

5　四辺の端を細く切り落として、縦3等分、横3等分に
　　切り、9個作る。余った生地は切った生地と同じくら
　　いの大きさにまとめる。

6　天板に並べ、上面に牛乳（分量外）を刷毛で塗り、
　　180℃に予熱したオーブンで20分焼く（天板に一度に
　　のらない時は2回に分けて焼く）。

マフィン

いつものマフィンに塩味の具を加えてセイボリーマフィンにしました。
野菜やチーズ、ソーセージとみんなが好きな組み合わせを焼き込めば、
スープにぴったりの塩味のマフィンになります。

基本のマフィン

セイボリーマフィンは薄力粉にバターや砂糖、卵、牛乳を加え、
甘いマフィンと同じように作ります。
マフィンの型に入れて焼くので、成形の手間もありません。

オニオンチーズ
セイボリーマフィン

オニオンとチーズをたっぷり加えた基本のマフィンは、
何度も作ってきた、わが家の定番の味です。

材料（マフィン型5個分）

玉ねぎ……⅓個弱（80g）

シュレッドチーズ……80g

粗挽き黒こしょう……適量

A ┌ 薄力粉……150g
　├ ベーキングパウダー……5g
　└ 塩……2g

有塩バター……70g

きび砂糖……30g

溶き卵……1個分

牛乳……70㎖

下準備

・バター、卵、牛乳は室温に戻す。

・玉ねぎは横薄切りにし、シュレッ
　ドチーズ、こしょうを加えてよく
　混ぜる。

・マフィン型に紙のマフィンカップ
　を敷く。

・オーブンは180℃に予熱する。

マフィン型に生地をスプーンで
入れてそのままオーブンで焼く
ので、成形する必要がない。マ
フィン型は、プリンカップなど
で代用してもよい。

基本のマフィンの作り方

1 バターと砂糖を混ぜる

ボウルに、室温に戻したバターを入れ、ハンドミキサー（または泡立て器）で混ぜる。白っぽくなったら、きび砂糖をふるい入れ、全体がふんわりなめらかになるまでさらに混ぜる。

2 卵を加える

溶き卵を5回に分けて加え、卵の黄身の色がなじむまでそのつどよく混ぜる。

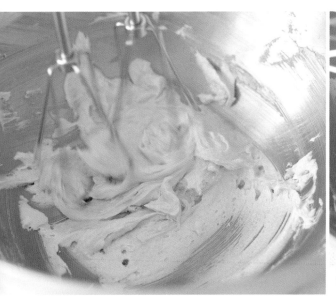

5 具を混ぜる

粉けがなくなったら、玉ねぎにチーズとこしょうを合わせたものの $\frac{3}{4}$ 量を加え、よく混ぜる。

6 型に入れる

マフィン型にスプーンで等分に入れる。

3 粉類を加える

Aをふるって加え、練らないようにゴムべらで
さっくり混ぜる。

4 牛乳を加える

牛乳を加えて、練らないように気をつけながら
よく混ぜる。

7 飾り用の具をのせる

残りの玉ねぎにチーズとこしょうを合わせたも
のを、生地の上面に等分にのせる。

8 オーブンで焼く

天板にのせ、180℃に予熱したオーブンで25分
焼く。香ばしく焼き色がつき、竹串を刺してみ
て何もついてこなければ焼き上がり。

トマトとソーセージの
セイボリーマフィン

赤と黄色のミニトマトをソーセージとともにしっとり焼き上げました。
トマトとソーセージの相性はぴったりです。さらにチーズの角切りを入れてもよいと思います。
前日に焼いたものでも、ほかのクイックブレッド同様に
リベイクして、あつあつをぜひお召し上がりください。

材料（マフィン型5個分）

ミニトマト（赤、黄合わせて）……12個
ウインナソーセージ……80g
A ┌ 薄力粉……150g
　├ ベーキングパウダー……5g
　└ 塩……2g
有塩バター……70g
きび砂糖……30g
溶き卵……1個分
牛乳……70mℓ

下準備

・バター、卵、牛乳は室温に戻す。
・マフィン型に紙のマフィンカップを敷く。
・オーブンは180℃に予熱する。

1 ソーセージは1cm長さに切る。ミニトマトは横半分に切る。

2 ボウルに、室温に戻したバターを入れ、ハンドミキサー（または泡立て器）で混ぜる。白っぽくなったら、きび砂糖をふるい入れ、全体がふんわりとするまでさらに混ぜる。溶き卵を5回に分けて加え、そのつどよく混ぜる。

3 Aをふるって加え、練らないようにゴムべらでさっくりと混ぜ、牛乳を加えて、練らないように気をつけながらよく混ぜる。粉けがなくなったら、ミニトマトの半量とソーセージを加えてよく混ぜる。

4 マフィン型に等分に入れ、残りのミニトマトを等分にのせる。天板にのせ、180℃に予熱したオーブンで25分焼く。香ばしく焼き色がつき、竹串を刺してみて何もついてこなければ焼き上がり。

コーンミールブレッド

アメリカンベイクのお店で見かけるコーンミールブレッド。見つけたらつい手がのびてしまいます。
コーンミールの香りが良く、しっとりほくっとした生地が特徴的で、
焼きたてにバターをつけて頬ばると、笑みがこぼれます。
スープにもぴったりなレシピをご紹介します。

材料（直径18cmのマンケ型1台分）

コーンミール……50g

薄力粉……80g

ベーキングパウダー……4g

ベーキングソーダ……1g

きび砂糖……20g

有塩バター……20g

サラダ油……20g

A ┌ 卵……1個
　 │ ヨーグルト（無糖）……50g
　 └ 牛乳……100mℓ

下準備

・バターは耐熱容器に入れて600Wの電子
　レンジで30秒加熱し、溶かしバターにする。

・マンケ型にオーブンペーパーを敷く。

・オーブンは170℃に予熱する。

1　ボウルにコーンミールを入れ、薄力粉、ベーキングパウダー、ベーキングソーダ、きび砂糖をふるって加える。

2　Aをよく混ぜてから1のボウルに一度に加え、泡立て器でよく混ぜる。粉けがなくなったら、溶かしバターと油を合わせて加え、なじむまでさらに混ぜる。

3　マンケ型に流し入れて、型ごと数回持ち上げて落とし、空気を抜く。

4　天板にのせ、170℃に予熱したオーブンで20分焼く。香ばしく焼き色がついたら取り出し、熱いうちに型から外す。粗熱をとって食べやすく切り分ける。

焼く時に使用したマンケ型は、伝統的なフランス菓子に使われることの多いもの。側面から見ると台形になっているのが特徴。深さのあるバットなどでも代用できる。

フルーツスープ

冷製のフルーツスープは、暑い時季には目にも体にもうれしいものです。
スープとして構成させる秘訣は
ほかの素材との組み合わせ方にある、と思っています。
フルーツスープを作り続けている理由は、
食後のデザートとしてこの一皿を出した際、
みんなの顔がほころぶのを見てきたからです。

すいかのスープとワインハーブゼリー

ミントの香るワインハーブゼリーを浮かせた、なんとも夏らしい味。
清涼感のあるゼリーとすいかのスープのコントラストが美しく、
喉越しのいい一皿です。スプーンで一緒にすくって味わいます。

材料（4人分）

すいか ····· 800g（正味）
粉ゼラチン ····· 5g
レモン汁 ····· 大さじ 1/2
スペアミント ····· 6枝
A　白ワイン ····· 200mℓ
　　水 ····· 100mℓ
　　グラニュー糖 ····· 50g

〈下準備〉
・水大さじ1に粉ゼラチンをふり入れてふ
　やかす。

スープに浮かべるワインハーブゼリーは、
冷やし固めるのに4時間以上かかるので、
前日に作っておくとよい。

1　ワインハーブゼリーを作る。鍋にAを入れて中火にか
　　ける。グラニュー糖が溶けたら、レモン汁、スペアミ
　　ントを加え、火を止める。2〜3分たってミントの香り
　　が立ったら、ミントを除く。ふやかした粉ゼラチンを
　　加えてよく混ぜる。茶濾しなどで濾して、保存容器に
　　流し入れる。粗熱をとり、冷蔵室で固まるまで4時間
　　以上冷やす。

2　すいかは一口大に切り、種をできるだけ除いてジュー
　　サーミキサーやハンドブレンダーなどで攪拌する。茶
　　濾しなどで濾しながらボウルに入れ、冷蔵室で冷やす。

3　器に2を注ぎ、1のゼリーをスプーンですくって浮か
　　べる。

梨とマスカット、すだちの冷たいスープ

緑と白の彩りが清々しい晩夏のフルーツスープ。

梨、マスカット、すだちがたっぷり入ったさわやかな味わいです。

シロップに加えたしょうがが、甘みをすっきりととのえます。

梨はすだちと好相性な和梨を選びます。

マスカットは種を除くか、種なしのものを選んでください。

材料（4人分）

梨……1/2個

マスカット……1/2房

すだち……1個

［シロップ］

グラニュー糖……80g

しょうがの薄切り……3枚

水……600㎖

1 シロップを作る。鍋にグラニュー糖と水を入れて強火にかける。沸騰してグラニュー糖が溶けたら火を止め、しょうがを加えて冷ます。保存容器に移し、冷蔵室に入れて冷やす。

2 梨は8等分のくし形に切り、横5㎜幅に切る。マスカットは1粒ずつにばらし、皮付きのまま横半分に切り、種があれば除く。すだちは薄い半月切りにする。

3 1の保存容器に2を加えて混ぜ、器に盛る。

ピーチメルバスープ

フランボワーズはフランス語でラズベリーのこと。

桃、フランボワーズ、バニラアイスの組み合わせといえば、ピーチメルバです。

プラムを入れて、酸味と甘みをバランス良く仕上げたスープにバニラアイス、

その上にフランボワーズソースをかけました。

淡いピンクの桃のスープを鮮やかな赤で彩ります。

材料（4人分）

白桃……2個

レモン汁……小さじ2

プラム……1個

A ┌ フランボワーズ（冷凍も可）
　　　　……2粒
　　　はちみつ……小さじ2
　　└ 水……50㎖

牛乳……大さじ2

バニラアイスクリーム……適量

［フランボワーズソース］

フランボワーズ（冷凍も可）
　……50g

はちみつ……大さじ1/2

レモン汁……小さじ1

水……大さじ3

［トッピング］

レモン（無農薬）の皮……少々

はちみつ……少々

あればプラムの薄切り……適量

1　フランボワーズソースを作る。ボウルにすべての材料を入れ、ハンドブレンダーでなめらかになるまで攪拌し、冷蔵室で冷やす。

2　桃は一口大に切って別のボウルに入れ、レモン汁をかけて色止めする。プラムは皮をむき、一口大に切る。桃のボウルにプラムとAを加え、ハンドブレンダーでなめらかになるまで攪拌し、牛乳を加えてよく混ぜる。

3　器に注ぎ、バニラアイスクリームを中央に盛り、上から1のフランボワーズソースをかけ、トッピングのレモンの皮、はちみつ、プラムを飾る。

皮をむいて一口大に切った桃とプラム、フランボワーズや牛乳などをなめらかに攪拌する。

この本で
使った材料

塩

まろやかな塩けと、甘み、苦み
のバランスが良いフランスの「ゲ
ランドの塩」を使用。好みのも
のでよいが、粒子の細かい塩の
場合は、少し量を減らすとスー
プの味が決まりやすくなる。

バター

炒めたり、旨味を足したり、だ
しとしても使用。鳥取県産の生
乳を使った「大山バター」はす
っきり上品な味わいが特徴。本
書のスープでは無塩でなく、買
い求めやすい有塩を使用。

オリーブオイル

スペイン産「ヴィラブランカ」の
オーガニック エクストラ バージ
ンオリーブオイルを使用。油は
酸化しやすいので、あまり大き
いサイズを買わず、小さなサイ
ズをこまめに使いきること。

しょうゆ

大正12年創業の埼玉・弓削多醤
油が木桶で仕込んでいる「有機しょ
うゆ」を使用。酵母菌の量が多
く、香りも風味も豊か。お気に入
りのしょうゆを見つけ、長く使う
ことで味が定まりやすくなる。

白しょうゆ

愛知・日東醸造の「しろたまり」
は、小麦麹を贅沢に使用し、旨
味たっぷりの琥珀色の白しょう
ゆ。材料は小麦と塩のみ。薄口
しょうゆの代わりに、料理の色
を淡く仕上げたい時に用いる。

酒

塩の入った料理酒ではなく、飲
むための日本酒を使う。スープ
の味を左右するので、飲んでおい
しいものが良い。今回は兵庫県
産山田錦で仕込んだ「特撰 白鶴
特別純米酒 山田錦」を使用。

酢

米と熟成した酒粕で仕込まれた、
京都・村山造酢の「千鳥酢」を
使用。味と香り、酸味がまろや
かで使いやすい。そのほか、台
湾に行くたびに購入している酢
を使うことも。

ナンプラー

かたくちいわし、食塩、砂糖を
発酵させて作られたタイの魚醤。
ヤマモリの「ナンプラー」は、
150㎖の小さめサイズがあるこ
とと、液だれしにくい密封ボト
ルが使いやすく重宝している。

ローリエ

月桂樹の葉を乾燥させた香辛料。ほのかに甘く清涼感のある芳香が特徴で、スープ作りには欠かせない。市販品ではなく、自宅で栽培し、乾燥させたものを使用。肉や魚の臭み消しにも。

花椒

痺れるような辛さと、かんきつ系のさわやかな香りのするスパイス。中華系の料理によく使われる。スーパーマーケットでも買い求めやすいユウキ食品の「四川花椒」を常備している。

ディジョンマスタード

ワインの産地としても有名なフランス・ブルゴーニュのディジョンにて、石臼でマスタードシードを粉砕する手法で作られたファロ社の「ブルゴーニュマスタード」を使用。

タバスコ

レッドペッパー、ビネガー、岩塩で作られた、酸味と辛みのバランスが良い「オリジナルレッドペパーソース」（左）、ハラペーニョの新鮮な辛みが特徴の「ハラペーニョソース」（右）を常備。

インスタントクスクス

デュラム小麦のセモリナ粉を小さな粒状にしたパスタ。ひよこ豆とともに北アフリカから中東で常食されている。チュニジア産のサナベルのクスクスは、小麦の風味が感じられ、おすすめ。

フォー

米粉とタピオカでん粉で作られたつるっとした食感の平麺で、ベトナムなど、主に東南アジアの料理に使われる。花椒と同様に、買い求めやすいユウキ食品の乾燥のフォーをよく使う。

そうめん

稲庭うどんとそうめんで知られる老舗の秋田・寛文五年堂のものを使用。加水量が多く塩分が少ない麺は、食感がよくコシが強い。油を使わずにのばす独自の製法ゆえ、細く喉越しが良い。

半田麺

徳島の旧半田町で生まれたのが半田麺。中強力粉を用いた強いコシと、一般的なそうめんよりも太い麺線が特徴。汁で煮込んでものびにくく、もちもちとした食感が味わえる。

稲庭うどん

160年近く製法を変えず、手仕事を続けてきた佐藤養助商店の「稲庭干温飩」を使用。艶のある乳白色の美しいゆで上がりと、なめらかでつるりとした食感、適度な歯ざわりの良さが特徴。

内田真美
うちだまみ

料理研究家。長崎県生まれ。実家が飲食
関係の仕事を営んでいたこともあり、幼
少の頃から食に興味を持ち、料理の道へ。
美しくおいしいレシピが評判を呼ぶ。ま
た台湾やお茶文化、名店の菓子にも造詣
が深く、台湾のガイドブックや、菓子に
ついて語り合う対談集も出版。私生活で
は中学生の娘の母でもある。主な著書に
『高加水生地の粉ものレッスン パンにも
ピザにもおやつにもなる』（小社刊）が
ある。
Instagram：@muccida

内田真美の日々スープ
うちだまみ　ひび
くりかえし作るうちの定番をまとめて
つく　　　　　ていばん

2023 年 11 月 2 日　初版発行

著者　　　内田 真美
　　　　　うちだ まみ
発行者　　山下 直久
発行　　　株式会社 KADOKAWA
　　　　　〒 102-8177　東京都千代田区富士見 2-13-3
　　　　　電話 0570-002-301 （ナビダイヤル）
印刷所　　TOPPAN 株式会社
製本所　　TOPPAN 株式会社

●お問い合わせ
https://www.kadokawa.co.jp/ （「お問い合わせ」へお進みください）
※内容によっては、お答えできない場合があります。
※サポートは日本国内のみとさせていただきます。
※ Japanese text only
定価はカバーに表示してあります。

©Mami Uchida 2023 Printed in Japan
ISBN 978-4-04- 897496-7 C0077